路痕著

文史哲詩叢

餘光盅

文史哲出版社印行

國家圖書館出版品預行編目資料

餘光盅 / 路痕著. -- 初版. -- 臺北市：文史哲,
民 92
面： 公分. --（文史哲詩叢 ; 56）
ISBN 957-549-524-1(平裝)

1.

851.486 92016467

文史哲詩叢 ㊿56

餘光盅

著　者：路　痕
出版者：文史哲出版社
http://www.lapen.com.tw
登記證字號：行政院新聞局版臺業字五三三七號
發行人：彭　正　雄
發行所：文史哲出版社
印刷者：文史哲出版社
臺北市羅斯福路一段七十二巷四號
郵政劃撥帳號：一六一八〇一七五
電話 886-2-23511028・傳真 886-2-23965656

實價新臺幣三二〇元

中華民國九十二年（2003）九月初版

ISBN 957-549-524-1

路痕書法

路痕畫作

五十歲的父親

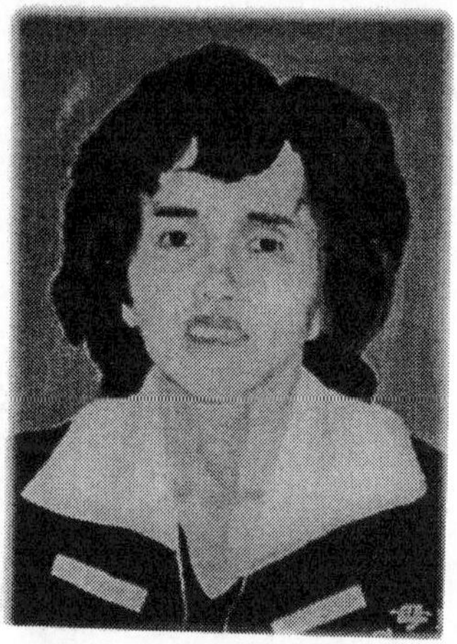

母親的畫像

大妹仔

思春

【序】

一顆隱藏在詩空中的星星

——序路痕詩集《餘光盅》

麥穗

對本名李茂坤的路痕，套一句他常用的句子——「素昧平生」，但對他詩作，卻是相當熟悉，因爲發表他作品的詩刊，除了極少部份海外及大陸的之外，幾乎大部分都閱覽過，何況他早期出版的詩集《戀鍊風塵》及《路痕》等，也都承惠贈，所以他的詩對我來說並不陌生。但我卻不知道他也是一位科幻小說家，曾以陸恆筆名出版過《魔鏡》等七本科幻小說，令人驚訝！

因此讀路痕的詩，產生了一份與眾不同的感覺。就以詩集的名稱《餘光盅》來說，就讓人萌生無限的迷思。《餘光盅》去第一個字的偏旁「食」，再去第三個字的「皿」，不就是當今鼎鼎大名的詩壇祭酒「余光中」？然而當你閱讀集中的這首「卷頭詩」，發現它除了詩題與余光中同音外，內容則完全與余光中無關，詩句中卻有洛夫的「眾荷喧嘩」，與他的另一本詩集用筆名「路痕」一樣耐人尋味。

社會的開放多元，是時代的趨勢，生活在這個時代，步調也就自然而然地隨著開放多元了起來，詩的創作走向也是如此。一些前人不屑或不敢碰觸的，甚至被視爲禁忌的題材、用詞，均可以堂而皇之入詩了。雖然被某些保守人士斥爲邪門、異端，但還是有許多自以爲趕得上時代的詩友，在「只要我喜歡」的流風下，就毫無忌憚地盡興揮灑了起來。詩壇因此呈現出一片百花齊放、百鳥爭鳴的喧騰，卻也引起保守派的頻頻頓足。

其實，多元開放並非罪源，拿捏著操作，亦可創造出一份亮麗。在路痕的這本集子中，你可以讀出一些端倪。《餘光盅》裡一百一十六首分作七輯的路痕近十年作品中，就包括了許許多多不同的形式、技巧、語言…等等，創造出不同的意境和意象。雖然看起來近乎五花八門般的五味雜陳，但卻不會使人產生眼花撩亂的感覺。整體來說，就像一盤出自名廚手下的大雜燴，令人吟誦之餘，齒頰留香餘味盈然。

一九六三出生的路痕，寫這些詩時的年齡，正值創作力最旺盛的青年階段，也是嘗試力最強的衝刺時期，而此時適逢社會進入多元開放的繁盛境界，在寫作上有更大的發揮空間，可深入各種領域中去作探討和嘗試，創造了這本多彩多姿與眾不同的多元化詩集。在《餘光盅》裡，有「試說新語」的二十五個以「金字塔」型疊字爲題的小詩；有〈芋仔寒薺〉等的台語詩；有〈DREAM〉的英文詩；以及〈兩岸〉的圖象詩…等等。這就是路痕發揮了詩藝的多元，也是在嘗試中尋求到著力點，創造了他自己的風格。

嘗試是走向成功的初階，當我讀到「試說新語」這輯詩時，感覺上路痕是花了很大心思的，因爲這輯詩絕非一時因靈感的啓發而創造出來的。或許起始有靈感的觸及，但從整輯詩來看，顯然是經過慎密地思考，精心地設計所營造建構的一組「新語」。如爲首的「五行篇」，是集金、木、水、火、土的組合體——〈鑫〉、〈森〉、〈淼〉、〈焱〉、〈垚〉

為詩題，但並不完全以其字義來陳述。如「淼」意為大水，詩則取其組合的單字「水」來發揮；意含高的「垚」字亦然。其它如「動物篇」的〈众〉、〈猋〉、〈姦〉……；「人體篇」的〈掱〉、〈品〉〈聶〉、〈惢〉……；「雜篇」的〈轟〉、〈磊〉、〈晶〉……等都是如此。因為是「試說」，所以帶有一份濃濃的嘗試之味。而整組詩中的寫作技巧、形式設計、意象營造、語言運用等，都在求變求新中有了完美的演出。舉例如〈掱〉：

別以為大家手拉手
一團和氣
其實三隻都是我的
我用兩隻手去生活
一隻手來寫作
我的兩隻手沒有大腦
所以用一隻手來偷靈感
譬如這首小詩
就是從你的字典中
偷來的

這首詩鮮明的意象和平實的語言中，將「掱」字的形象和意含，完全凸顯了出來，是一首嘗試成功的好詩。

多少年來政府一直在推廣母語，文藝界以台語寫作者也不乏其人。但台語用字卻一直各寫各的，無統一的規範，至今仍是一片迷惘。路痕在這集詩中也曾嘗試著用台語寫詩，如〈芋仔寒薺〉、〈父親〉…等，前一首他大膽地想創新用字，把慣用的「蕃藷」改之爲與台語發音近似的「寒薺」，他在詩後註解說：「寒薺即甘藷、地瓜，台語發音ㄏㄢㄐㄧ，以寒薺較接近，我以爲這兩個字更能代表台灣人的命運及精神。」立意雖佳，但仍取之以音代義，有待考驗；〈父親〉是國台語混用的寫法，父親的語言用台語，該是正確的鄉土文學創作手段，也是我所一向主張的寫法，這是一首非常感人的佳作。

路痕在他的一篇詩論〈一首詩的風格〉中說：「詩的風格，一如人的品格。」雖然與路痕因南北遠離而無從論交，但在其作品中，可讀出他不汲汲於名利的品格，在第六輯「隱形的詩人」中，在在表現出他那份孤傲的性格，〈拒絕〉中他寫道：「拒絕偉大，也拒絕卑微／一支筆踽踽著自己的路／哭笑著自己的心事／無所謂紙不明瞭／也無妨眼睛不來看顧／拒絕掌聲，也拒絕噓弄／在人群之中寂寞／在孤獨之中享受／有手可以自己喝采／有口可以自行斥咒／…」不錯！詩人往往是寂寞的，尤其是一位默默創作的優秀詩人。因此他自詡爲「隱形的詩人」在〈隱形的詩人〉一詩中說：「我是隱形的詩人／寫隱形的詩／愛慕虛榮的人　看不見／庸俗市儈的人　看不見／…」。是的，他的確像一顆隱藏在詩空中的星星。

在《餘光盅》中，除了一些嘗試性的作品外，路痕的詩風穩健、思路清澈，意境繁複而不紛雜，在多元中秉持一貫的指向，這是他的風格特質，也是這本詩集的特色。路痕說：「詩是一種喜悅　不是得意的掌聲／詩是一種幸福　毋須多餘的讚歎…」，故就此收筆，免得掌聲和讚聲破壞了他的喜悅和幸福。

二〇〇三年八月十七日　於烏來山居

【作者簡介】

路痕／陸恆，本名李茂坤。一九六三年八月十三日生於嘉義市。菲 ADAMSON 大學企管碩士，曾任雜誌主編、專欄主筆。現為中國詩歌藝術學會、新詩學會、臺灣現代詩人協會會員。自由創作詩人。

獲八四年優秀青年詩人獎、第一屆桃城文學詩佳作獎、第一屆艾青杯優秀作品獎（未領獎）、葡萄園四十周年詩創作獎。

詩作曾入選《84 年詩選》、《1997 中國詩歌選》、《1998 中國詩歌選》、、《2002 中國詩歌選》《小詩瑰寶》、《可愛小詩選》、《葡萄園小詩選》、《詩國詩星》、《百年震撼》等多種選本。

已出版有詩集《戀鍊風塵》、《路痕》（詩藝文出版社）、《單音六節》（嘉義市立文化中心）；科幻小說作品系列：《魔鏡》、《畢卡索之吻》、《靈彈》、《蝶戀》、《井》、《時空之殤》、《種子》（成陽出版社）等。

另有完成作品《置換》、《天梯》、《斷片》、《光之石》等四部。

e-mail：isme@cyccatv.net.tw

餘光蛊 目錄

輯三◎母親的畫像 ─101

輯四◎美夢蚊鳴及其他 ─115

【卷頭詩】

餘光盅

孤單，顯然是最佳的場所
用來釀酒
當然少不了靈感當酒花
把心事好好醱酵
細細地密封
最好在眼淚結晶的當下

人說越陳越香
裡面的苦處都已昇華
十八、十八載的存在
守在偏僻的地窖

今日來開封
獨酌，引疼愛的柴火
這盅空虛的杯外
除了衆荷喧嘩
乃盛滿了
夕陽的
光華

一九九九年八月十二日

後記：發表詩作迄今已十八年，一路行來如玉壺冰心…
適逢37歲生日在即，以聊慰詩情，因記。

路痕作品

陸恆科幻小說系列之七

輯一◎試說新語

回憶是隻小舟
載你回到光陰的渡口
至於不堪回首的部份
就讓它隨波逐流

五行篇

【鑫】

一座輝煌的廟宇
三尊金身的佛像
生意經傳衍了五千年
仍未償盡多財的願望
人們祇追求閃閃發光
無所謂如何救贖與解脫
「地底下多的是金子」
於是紛紛往墳裡頭鑽

【森】

松鼠
綠色綠色綠色綠色
葉
綠色綠色綠色綠色綠色綠色
葉松鼠葉
風葉綠色綠色綠色綠色綠色
鳥藤葉葉
風綠色綠色綠色綠色綠色綠色
鳥鳥松鼠松鼠藤葉葉
綠色綠色綠色綠色綠色綠色綠色
松鼠葉
綠色綠色綠色綠色綠色
松鼠葉葉
綠色綠色綠色綠色綠色
葉
綠色綠色綠色綠色
月
綠色綠色綠色
人

【淼】

不該忽視氫鍵的能力
凡純淨的都要結合
凡污穢的都要洗滌
凡枯乾的都要飽滿
凡堅硬的都要柔軟

在山為吟哦的溪流
在崖為吶喊的瀑布
在沙漠為綠洲

在遙遠為巨大與眺望
在咫尺為藐小與圓滑

在空中為虛幻

在土壤為隱藏
在春為花香
在夏為綠意
在秋為楓紅
在冬為雪白
在天為雲
在地為鏡

不該忽視氫鍵的能力
不該忽視氫鍵的能力

【焱】

開一朵花
在最熱情的時候
一切都在熔化

萬物本為一體
如果我細心調理
放射出你的光華
還原成一撮塵土

是的
就連日月都是

【垚】

當一座山
有人笑我不夠格
因為只是黃土一坯
用來裝骨頭最適宜

裝裝裝
裝神聖 裝腐朽
裝善良 裝邪惡
裝文明裝自然
裝該死的與不該死的

動物篇

【众】

一群人在一起
一定無法平等
如果大家願意
那個高高被舉起的稱為「領導」
這個組織叫做「金字塔」
如果大家不願意
踩在別人頭上是「欺壓」
這個情形叫做「專制」
為什麼不做陣行*?
別忘了
人祇是一部份

*做陣行 台語發音，即一起走。

【猋】

一定要這麼拼命嗎？
即使是為了讓身子保暖
你因愛斯基摩的血統而成為
生生世世的奴隸
人們可沒給什麼好名聲
要不為何總在你們跑贏風的時候
淡淡地丟下一句
狐群狗黨！

【姦】

難道聚在一起只能做壞事？

也許只是七嘴八舌也說不定
肯定的是個個都心懷鬼胎心胸狹窄
至少也會東家長西家短一番

誰教你家老爺
娶了三個婆娘

【麤】

應該是一幅靈動的美景
至少我輩有明媚動人的眼睛
和隨身攜帶的森林

是那個不解風情的老粗
給我這俗不可耐的發音

【羴】

想想祁連山的大牧場
想想大牧場上的美麗草原

想想草原上的牧笛聲

想想放牧的俏姑娘

就是別想起我身上的味道
就是別想起我身上的味道

尤其那隻趕了千萬遍猶在暗處的
大野狼

【鱻】

悔不當初奮力一躍
如今在濡沫之間
任人叫賣

這條還真是生龍活虎哪！
——那市場的小廝說

【犇】

田單當導演
我們便改不了宿命的
奔
看我們威武雄壯

看我們同仇敵愾
其實是為了
後有猛獸
或燃燒的尾巴⋯

【蟲】

單看擺出的態勢
就知道我是地球數量種類最多的生物
不管上天下地
不管茹毛飲血
到處都是天堂都能繁衍
大到景陽崗的老虎

小至你身上的蝨子
都和我脫離不了關係
即使是你們人類
也多的是在社會寄生

我們厭惡的親戚

人體篇

【掱】

別以為大家手拉手
一團和氣
其實三隻都是我的
我用兩隻手去生活
一隻手來寫作
我的兩隻手沒有大腦
所以用一隻手來偷靈感
譬如這首小詩
就是從你的字典中
偷來的

【品】

【聶】

七嘴八舌
為的是評訂一個標準
至於夠不夠水平
祇要大家都沒話好說
就可以交代過去
不然就別讓「聶」聽見
那個三隻耳朵的小人

【惢】

「是你想太多了

人怎可能有三個心？」

「老實招來，不然你怎能同時

愛你父母、愛你孩子、愛我？

」

【毛】

每一根都是一種溫柔

每一根都是一種脆弱

這是長在身上的森林

蓄養似水的柔情

給我最貼近的撫摸

給我最貼近的撫摸

雜篇

【轟】

所有後果咎由自取
空氣污染、噪音、車禍
甚至臭氧層的破洞
誰教你讓三隻蟑螂
爬入了你的生活

可知道文明的進化
就是自然的退化
有一天被人類的巨輪輾死
你才明白前進的步伐
原來是走向滅絕之路

【磊】

石　砳　磊

人說你肚大能容
所以在生活中吞些石子
也沒甚麼大不了
等你的光明大道成為遍布阻躓的
石灘
發動一泓土石流
把結石與小人一掃而盡

【卉】

雖然十字花科是很大的族群
也不過是你們維生的菜蔬

耶穌的十字架到了我們手裡
變成萬紫千紅的喜悅
傳播快樂總比警示痛苦有意義
所以我們用三個十字架
搭建天堂　美麗的大門

【站直】

站得直還不夠
最重要的是站在　直　的那一方
集合正義的力量
立起參天的碑銘
給子子孫孫
做一個
堂堂正正的楷模

路痕詩集

【晶】

如果要顯耀你的光輝
也不必把三個太陽
高高掛在天上
小心惹后羿生氣
一箭把你們
穿成
冰糖葫蘆

【劦】

嘿呦！嘿呦！
再使把勁
嘿呦！嘿呦！

就快完成
等這十字立在地上
所有的暴力都能夠解消
所有的靈魂都因而安息

茶

【壹】

舌頭站在甜味上
嚐
山光
水 色 鳥 語
花香

忽然
方寸被採茶的姑娘
揉成一團

【貳】

喝的是鄉味
泡的是青松
想的是
海拔
夕陽
雲來
霧往
採茶的玉手纖鮮
以及
整座山
在一滴露上顯現

【參】

匆匆　沖沖

在鬧市隱居太難

讓淡泊的志節連同山水

細

細

流

入

【肆】

多時的鬱結

在寧靜地

舒　展
泛黃的往事
正
淡淡地
吐　露
苦盡必
甘來

一九九七年十月二日初稿
一九九八年十月二十日修定

壺詩戀情

【結】

有一種結
亦苦亦甜
像山泉的冷冽初陽的溫熨
酸酸澀澀的心汁
憂憂喜喜的情訴

在心上
那種結
能解而不願解
累而蓄
細緊了另一隻手
握實著一段芬芳的日子

提取一宇宙的甘美
那種結
有水的柔情火的熱烈
小小的關懷大大的滿足
為了某次
交心
浪漫的相遇

【階】

從我的心上
找到真話
如果你願開啟
另一個自己
成長需要用心灌溉
從嘴邊開始

即使起初相當苦澀

在你的形影
得到支柱
假使我能依偎
與你相隨
進步需要踏穩腳步
從低處出發
最後必定高遠踏實

你緊緊的把握
我密密的呵護
讓我們共釀的心液
散發出
幸福

蟬噪八題

【剪刀】

上下兩條臍帶
被寺門剪斷
至於六根青絲
老早就已凋殘

【石頭】

懷疑為何那麼堅硬
一顆種籽
把石頭掰成兩半
石頭還是石頭

【布】

沒有顏色
沒有款式
沒有廠牌
沒有穿

【拜師】

剛咬破繭的蠶
又鑽進
蟬的空殼

【禪七】

妖魔
計劃著七天大公演
在身心的道場

【戒疤】

和尚無髮進賭坊
黑暗的角落都被照亮
難無我覓托福
骰子搖頭晃腦…

【空】

讀完般若波羅蜜多心經三千遍
居士向太太喊道

我肚子餓了

【問訊】

問佛祖好不好
問師父好不好
問經書好不好
問自己好不好

紙屑三張

【呼叫】

——夜讀羅青〈登U洲台歌〉

一隻文子站在
幽州台上
我緊急闔上書本
再打開時嚇然發現：

一灘血

向你們呼叫
用各種蚊字*

*羅青〈登U洲台歌〉詩句

【狗不理包子】

我在街上
丟擲一些
狗不理包子
詩人們都說很可惜

哪天我將
人不理包子
砸在人臉上

狗一定很
快意！

【字紙簍裡的詩】

不要撿起來！
那些靈魂的碎片
拼不出一張
鬼臉

雖然那個筆名
硬是他媽的
擲●地●有●聲

一九九九年三月十八日　失眠

浪漫三題

【樹蛙】

離開池塘不知哪年的錯誤
悔恨夜夜攀上高處

夜的溫度這般凜冽一如寂寞
黑暗遮斷對清晨的眺望

荷傘的蔽蔭已經遙遠
荷葉的綠色仍在身上喧嘩
關於蓮花的芳馥
任月光幽幽描述

那屬於仲夏
水邊的愛情故事
如今在夢中
冷冷地
凝
成
露珠

【瓶中花】

不能去灌溉呀
又怕她　枯萎
一朵瓶中花
開放成孤單

無法擁抱啊！
隔著透明的牆

是我被囚困
不是她拒絕愛情

【時間之殤】

歲月有一種痛
在笑聲最狂的地方
青春有一種失落
在夢想最酣甜的時候
回憶是隻小舟
載你回到光陰的渡口
至於不堪回首的部份
就讓它隨波逐流

輯二◎芋仔寒蔣

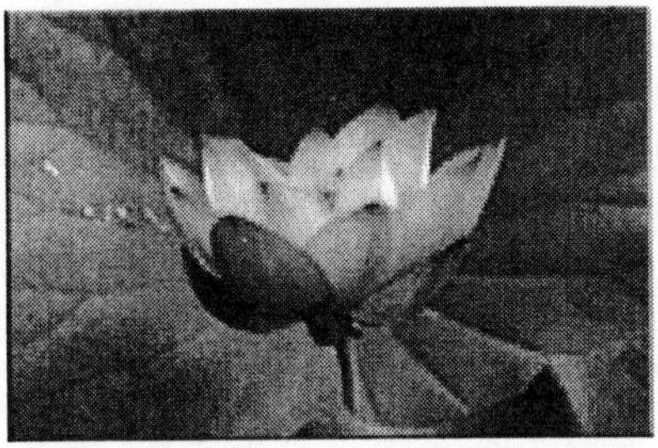

火山可沒說閒嘴
海嘯可沒說閒嘴
地震可沒說閒嘴
冰河更沒說閒嘴
會說閒嘴的動物
只有人類

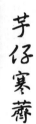

芋仔寒薺①

台灣話阮會曉講
台灣詩阮𣍐曉寫
老師自細漢教阮是中國人
寫中國字吟唐詩
地理課本嘛無標出阮厝在叨位
阿爸講阮是台灣人
佇店地咧諸羅山
唐山是阿公个阿公个代誌
這塊地嘛𣍐凍來放𣍐記哩
寒薺總是卡近嘴邊
老芋仔𣍐凍顧腸胃

七控八煮才倘糊嘴墘
吞齣下去著知死
水田肥肥播稻米
水田瘦瘦袋碰籽
好孔壞孔攏是自己的雞籠

哪有人問阮是芋仔抑是寒薺？
我叨問他講國語亦是台語
墓牌頂縣刻「隴西」
雙腳密密踏嘉義
無家鄉哪會有故鄉
無厝邊哪會有「親戚」

不免一工到晚鬥嘴鼓
嘛賣吃飽閒閒咧膨風

種籽落土著愛發根
不倘飼大不認老爸糟塌自己的土地
阮嘛要開始認真講台灣話
寫台語詩
寒薺甲芋仔既然種作伙
著不免搁爭誰人長誰人短
大家來打拼芟草兼施肥
期待年年好春天

註①：寒薺即甘藷、地瓜，台語發音ㄏㄢˊㄐㄧˊ以寒薺較接近，我以為這兩個字更能代表台灣人的命運及精神。
註②：袋碰籽——台語用來形容人「兩袖清風」，沒錢。
註③：這一句意思是——結果好壞都是自作自受，無法逃避得了。
註④：隴西——位於大陸甘肅省，李姓的發源地。此處宜唸國語音，較有味。
註⑤：這兩個字也要用國語發音，以配合詩味。
註⑥：即拌嘴。
註⑦：即吹牛。

牧民

——管子牧民篇：
凡有地牧民者，務在四時，守在倉廩。國多財則遠者來，地辟舉則民留處……

你們都是一群羊啊
乖乖地吃草，乖乖地睡飽
千萬別作綺夢變成人
千萬別想逃離我的牧杖
我的水草很豐沛
我的狗兒很雄壯
雖然這是你們的家鄉
卻是我圈起了柵欄
不讓你們迷失是我最大的貢獻
雖然偶爾會溜進一兩隻豺狼

頂多銜走兩三個同伴
看著你們日漸長大
看著你們生兒育女
看著你們毛毿豐滿
我的口袋便寬慰了起來

你們是羊，溫馴的羊
千萬別學野牛群起狂奔
千萬別像鷹隼長硬翅膀
衹要風雨不來瘟病不起別人不覬覦
這兒便是天堂

乖乖地吃草，乖乖地睡飽
等我從綺夢中醒來
讓我幫你剝一層皮

好縫製我高貴的裘襖

——一九九七、十一、二十九日台灣省各縣市長選舉投票結果顯示：民智大開，愚民政策敗北，有感而作。政治家剪羊毛，政客則連羊皮也剝掉。（奧利馬）

The ctatesmen shears the sheep, the politician skins them.—omalley—

到底是誰的天空

——鴿子如是說

翅膀是天空的通行證
翅膀是自由的代名詞
翅膀是畫筆
塗抹出眼睛的希望
天空是舞台
天空是畫布
天空是舒暢的遊戲場
盛裝歡樂的大容器
不要把它放入自私的口袋吧人類
你宏偉的胸襟

不要把它佈滿金色的蛛網
絞死自然的航向
你殘暴的巨鳥在耳膜狂嘯怎不聽我
咕咕的警訊
和平的樂園變成殺戮戰場
血液怎能止住你利益的飢渴難道
我們的生命祇是你一路踢踹的石頭
大氣層畢竟是誰家的天下？
當我和平的桂冠不再受用
你把我目為肇禍的兇手
是你沈迷於我戀家的本領而豪賭
如今又要把我驅離依存的天空
難道咆嘯的暴鷹才是你
唯一溺愛的寵物

失卻飛翔
你的天空與平靜必隨
我解體成片片帶血的翎羽
為環境寫下殷紅
文明的遺書

一九九八年七月二十七日改定

後記：近聞多起鴿子被絞入飛機引擎空安事故，甚且有鴿主被航空法起訴案件，大家在熱烈討論飛安問題之時，從未有人關心鳥類飛翔及生存的權利，大自然的脈動，又一次因人類的利益而遭受打擊，看航警人員在鏡頭下，連瀕臨絕種的大型水鳥都獵殺（臉上的表情可不是為飛安而擔憂）頗有感觸，環保與生命的價值在經濟利益的體制下是多麼的微不足道啊！

地球二十世紀末病歷報告

——大地有一層皮膚，而這層皮膚有許多疾病，其中一種就叫做「人」。（尼采．查拉Ⅱ．大事件）

病徵主訴：地球得了皮膚病，自從
　長了一種叫「人類」的蝨子並且大量
　繁殖×繁殖×繁殖×
　毛髮一片片剝落，牠們用文明的大顎
　嚙咬著每一吋肌膚在群族間互相傳染著多種甜味「慾」
　的病毒
　所到之處皆結痂成都市並且
　留下永遠無法癒復的疤痕
　遭害的患部會排出各類毒液
　流入血管、皮下造成內分泌失調表皮感染過敏或壞死

異種生物完全受到抑制除非
與牠們共生
（但終究受其侵害）

牠們是最高等寄生動物
抗藥性抗病性堅強適應力佳
具有快速調節生態改變基因的能力
並能遺傳給下一世代
近期有向內蔓延之趨勢不可不慎

病原株群之間競爭顯著
不同個體或株群間互相危害乃見慣之事實
嚴重時可能引發放射性病變尤應特別留意
一經其破壞組織開始潰爛生機頹然
容易併發失眠、恐懼、愚蠢、自私、暴戾

具有自毀傾向

建議處方：採取生物併化學物理合併治療
長期釋放道德勇氣若罔效
可激化不同株群排他性
配合斷絕其營養資源暫時熔融所有冰河火山
或者採取消極步驟：
不必投藥，順其自然（頂多兩百年）
等待病原自行
完全毀滅

後記：詩成於一九九八年，一年後，偶然發現尼采語錄有相同感觸。
遂節錄為題註並修飾定稿。

一九九九年五月十一日

九八達邦勇士離鄉告白

森林早已沖泡出茶湯
他們在慶賀最後一個小過年①
巴蘇牙的血管激盪著最後一瓶米酒
眼睛被阿里山的濃霧遮蓋

雅瑪斯比　仍照常舉辦
氏族頭目們在爭辯著補助
會場週圍被阿妹　的歌聲佔領
「如果我也有這樣的女兒…」他們說。

年輕人的臉不再黥著黑熊的胸紋
水鹿的啼印成為天上的雲朵
會打獵的答戈竟取不到老婆

特富野社的嘓丫得　剛嫁給了BENZ
小米糊愈來愈難吃
竹筒飯都賣給了遊客
山豬肉那比得藍瑞斯⑤
新開幕的超市把婦人們笑出了蒲公英

說梗　去年才假釋
他的女兒仍在寶斗里當妓女
上個月才開始幫平地人伐木又被逮住
警察說他是山老鼠　硬要我作證

山坡上茶樹都得了茶餅⑧
去年新墾的菜園林務局要收回
米酒老不夠灌死蛔蟲
害我肚子隱隱發疼

拉拉加的聚會所關我啥屁
教會爭著來部落拉信徒
信基督就有飯吃
政府官員說
給他們魚不如教他們釣魚
又不准在溪裡洗魚藤⑨

大頭目家添了32吋彩色電視
自從他們開始出山去跳舞
豐年便成了部落的歷史名詞
小米在野地裡荒蕪
只有白頭翁在嘆息不願放棄

啊~嗚，太陽總從山頭爬起最後跳進了城市
烏鴉仍舊耐心等待山難者的屍體

這是九八最後一頭野羌仔
喝過了鮮血我要向山神告別
把頂戴的雉尾　插在祖先的墳頭
除去皮披　也除去了榮耀的空虛
卸下番刀用銳利的刀口
剖向魅惑險覷的平地

詩成於一九九八年，一九九九年五月十四日修潤定稿於嘉義

註：

①小過年　鄒族原住民稱獵獲黑熊、水鹿、或大型野獸之數日慶賀分食活動為「小過年」。

②雅瑪斯比　即鄒族語「豐年祭」，各部落頭目及勇士聚集於神社（祭壇）開會，族人歌舞慶豐年，原每年一次，現每年兩次，一次不對外開放。

③阿妹　當下走紅的原住民歌星，本名張惠妹。

④嘓丫得　鄒族女子名。

⑤藍瑞斯　進口豬品種，毛短肉多，體表淡粉紅少雜黑色斑。本省最普遍之養殖品種。

⑥說梗　鄒族男子名。巴蘇牙、答戈亦是。

⑦山老鼠　盜伐者的別稱。
⑧茶餅　茶餅病，茶樹真菌病害，患部葉片硬化如餅，嚴重時幾無收成。
⑨魚藤　毒魚藤，野生特用作物。全株汁液有麻痺性毒，常用於溪中毒魚。
⑩白頭翁　台灣留鳥，散佈區域極廣。頭上有白斑如白頭老翁。
⑪頂戴的雉尾　鄒族特有以獸皮縫製之頭蓋，有鳥尾翼數根為裝飾，象徵地位的尊卑。
⑫皮披　鄒族特有以獸皮縫製之皮衣。

閉嘴

一隻青蛙在鬧市叫
渴啊！渴啊！
一部消防車正巧經過
閉嘴！
消防車的喇叭說

一隻畫眉鳥在窗外唱歌
鬧鐘忽然暴跳如雷
閉嘴！
主子死人般做著美夢

一隻獅子對著人類吼叫
獵槍冷冷的叱了一聲

閉嘴

商人的良心噗通亂跳
鈔票只是眨眨眼連閉嘴都
來不及說……

立法院、聯合國
貪婪、愚昧、自私、殘暴
戰爭與侵略吵成一團

火山可沒說閉嘴
海嘯可沒說閉嘴
地震可沒說閉嘴
冰河更沒說閉嘴

會說閉嘴的動物

只有人類

後記：在嘉義二二八公園牆邊，忽聽到悅耳宏亮的蛙鳴。一走近，蛙鳴即止。故有此作。

在裡面

——面對・座九二一塌陷的大樓

我的故事
在裡面
四十年的成長
歡笑與淚水，發黃的照片
我珍貴的回憶與可愛的童伴在裡面

我的汗水
在裡面
無數不眠的夜
用精神澆灌，已經修改了百遍的企劃案
我擢升的憑藉與驕傲的成果在裡面

我的夢想
在裡面
辛苦構建的藍圖
一磚一瓦堆砌成的壯志
我累積的財富與將來的希望在裡面

我的愛
在裡面
雖然疲憊了也能很快恢復
即使挫敗了也能使我重燃鬥志的
我的妻、我的子
我的快樂與幸福在裡面

這一切都在一夕間崩毀！

而我獨在外面滴血
握緊拳頭　淚已枯竭

我的憾恨在外面比裡面的無助更強烈
我的悲慟在外面比裡面的傷痛超過千百倍
我在外面
而我的心已被壓扁
我的故事我的汗水我的夢想
我的妻、我的子
我以及我的傷悲

走開吧

金錢走開吧！
我要的是糧食、飲水
權勢走開吧！
我要的是帳篷與睡袋
達官貴人走開吧！
請伸給我父母兄弟的手
作秀記者走開吧！
讓救護車、針筒進來

當政客、商賈的虛情假意走開後
當爭鬥、欺壓的官商勾結走開後
飛彈、戰車、艦艇都走開
主義、黨綱、政治都走開

暴戾、污穢、喧擾都走開
還給我一個純淨的地球
還給我一個溫暖的家園
還給我一條自在、快樂的
生命

他們不懂

他們不懂
台灣人的骨氣
地震來時才知什麼叫
生命共同體
福爾摩莎也是
苦難之島，在世紀末
經濟奇蹟也好
政治奇蹟也罷
幾百年來寶島的歷史
就是生存與奮鬥、人情與勇氣
跌倒了再爬起來的過程！

後記　1999.9.21 全台大地震，除了苦痛與哀傷之外，希望災害已震醒那些醉生夢死的人。我相信台灣的同胞，一定能在很短的時間內爬起來，創造另一個「重建奇蹟」。

紅塵貴珠

——給洪陳桂枝女士

您是貧民中的鉅富
因為充滿愛心
您是長者中的風範
因為慈悲喜捨
您的家人都因您而登極樂
但您在凡間證果

最污穢的金錢在您手上
都閃閃發亮成為救人醒世的良方
博士碩彥和您相遇
都應俯首雖您沒讀過論語孟子

路痕詩集

高官富賈見了您
都應該汗顏因您知足識恩

三十年積蓄、三十年孤苦今日孑然
「取之於社會的還給社會」您這麼勇敢
捐輸了一百萬也捐出了一生
沒有家人的您
就是我們社會的母親

文字難以標示您慈悲的高度
感動無法表達我卑微的崇敬
您用行動告訴我們
貧窮不等於低賤
孤獨不等於悲哀
衰老不等於弛廢

祇要能捨得
祇要肯放下
祇要有愛
廢墟瞬間成華廈
煉獄轉眼變花園

後記：九二一震災後，全民團結投入救災，出錢出力者所在多是。其中最令我感佩的是高雄洪陳桂枝女士。她本身為靠救濟金過活的八十六歲孤獨老人，竟將三十年省吃儉用的棺材本一百萬捐助救災。記者訪問時，她說：她的家人多年前火災全部喪生，靠著社會的救濟才能過活，欠人的總要還人家，她只是把社會給她的還給社會。

我向來不喜歡為歌功頌德而寫詩，這回看了報導竟忍不住要為她寫一首詩，像洪陳桂枝女士這樣的老一輩在台灣有很多，這就是台灣人善良、慈悲、勇敢的最佳寫照。

一九九九、九、廿九

溪殤

我們是很團結的
臂扣著臂　信心扣著信心
我們是很努力的
水漲著　血漲著　恐懼漲著
我們是很認真的
認真於工作　認真於站住雙腳
認真與死神拔河

可是牠有八隻手！
無數的污濁與石頭

我們的年紀扣著年紀
老大不過溪水的暴力

我們的堅持扣著堅持
忍耐不如官員推諉的毅力
我們呼天　天上烏雲密佈
我們喚地　地上哭嚎無助
我們祈禱聽見
一隻海鷗悅耳的最後啼聲

可是牠有八隻手！
無數的污濁與石頭

三個鐘頭延宕此生成來世
人道悲憫被程序成冤魂與枉死
近在咫尺的海鷗們
在等待明日
水中漂浮的魚屍

我們伸手
觸不到親人的哀號
我們抬頭
望不見警察的保護
可是牠有八隻手！
和無數的污濁與石頭
拉我們扯我們
擊打我們埋葬我們
以泓大的訕笑

這就是所謂的效率
這就是所謂的分工
這就是有效的命令體系卻無法救命
這就是一再成為教訓的經驗卻不斷去經驗

一隻狗在溪邊狂吠因為
天上正飛著一隻
迷失的海鷗

後記：七月二十二日，四名水利局包商的版模工，因收拾器具躲避洪水不及，被突來的山洪困在八掌溪河床中央的工作地。電視台趕到實況報導，時四人手臂扣著手臂，枯立水中等待救援。離現場只有五分鐘「機程」的水上機場「海鷗救難部隊」，因礙於任務劃分「高度限制」，把責任推給「空中警察部隊」。然位於台中水湳機場的空中警察部隊接獲通報，又經三道「程序」拖延至派機時，已接獲「任務取消」通知。因四人此時已被溪水沖走……。觀眾皆眼睜睜看著我們四名上了年紀且認真工作的鄉親被水吞沒。我的住處離八掌溪出事地點不過半小時路程，在電視看到這一幕時，眼眶溢滿了悲憤的淚水！

時光悼歌

街道日漸肥大
光陰淡澹消瘦
經歷如緊實的繅絲
細人生成繭
童年的棒棒糖
在現實中
褪失了甜味

青山越退越遠
鳴蟲越吟越細
荒塚越靠
越近

幾滴淚由草尖
黯黯
哭
入
地心

岸

需要有自己的高度
為了贏得別人的尊重
為了品嚐自己的苦痛　咀嚼
獨自的快樂
必須要有競爭
才會懂得進步（或落伍）
堅持不需別人的幫助
也就不會遭受凌辱

岸　是驕傲的姿勢
岸　是分割的刀俎
是保護？是救贖？
是感情的量尺

有了差異於是有岸
有了猜忌於是有岸
有了仇恨於是有岸
戰爭喜歡岸！

為了溝通兩岸
浪花不停奔波
為了撮合兩岸
船隻不停穿梭
為了黏接兩岸
親人的淚早已流乾

魚不要岸阻擋了牠的自在
鳥不要岸切斷了牠的鳴聲
樹木不要岸斲毀了它的根

路痕詩集

彩虹跨足問
什麼是分隔？

親情的濃度與距離成正比
相思的強度與時間成正比
水是液態的感情
兩岸同屬一塊陸地

兩岸（圖象詩）

墳
墳墳
墳
主義領袖國家
藥 更多的 藥
醫院郎中祖傳密方
燈紅酒綠酒色財氣
生老病死喜怒哀樂
紅燈黃燈綠燈
柴米油鹽醬醋茶
鳥 樹木樹木
房屋
犬岸
鳥 人岸岸岸
水 魚
水
鳥 水 魚

路痕詩集

水　魚
水
鳥　人岸岸岸
犬岸

房屋
鳥　樹木樹木
柴米油鹽醬醋茶
紅燈黃燈綠燈
生老病死喜怒哀樂
燈紅酒綠酒色財氣
醫院郎中祖傳密方

藥　更多的　藥
主義領袖國家
墳
墳墳
墳

失業

——和 方群【中年失業手記】

「喂！失卻工作的人失卻酣睡的權利……」
一隻蚊蚋把我從黑暗叫醒

準時起床是多餘的一件事
妻兒出門
家變成偌大的監獄
裡面關著一頭
可疑的自尊

新聞引數字詮釋
你是沒用的百分之五
於是趕緊
洗衣拖地為了證明自己仍有價值

修東補西告訴自己大有用處
龍游淺水虎落平陽
休息是為了…

走出户外
陽光格外刺眼
心中隱晦的角落
卻怎麼也照不透
求職欄是一畝畝
荒蕪的陷阱
一生能忍幾多獸夾的欺凌？

「小廟容不下大和尚」某個笑臉虛情假意
「回家去作無盡的等候」另一張嘴慷慨地說
「你很優秀，如果能年輕十歲的話…」（這是結論？）

最苦的是
老婆說不出口的怨嗟
最痛的是
兒子猶在天真地詢問：
「爸爸為什麼不必上班？」

輯三◎

母親的畫像

孩子一離開子宮
便進駐了她的心中
噓寒問暖
秋風把少壯催成了佝僂
牽腸掛肚
煩惱在臉皮刻劃出阡陌

父親

「麥坐車冇？」
一向崇高的父親站在火車站出口
向行人懇求

我的淚在寒風中閃爍

寫得一手好字，六十二歲還開計程車
「阮細漢那有白米倘呷？臭寒薺簽湯著愛偷笑啊！」
父親每天煮甘藷粥，弟弟總是冒火。

第四節尾椎因職業病骨刺的父親抱著我的兒子
「囝仔攔細漢，不倘打……」
摸摸自己的屁股，回想童年時

被父親打斷的板子，當時
母親也是這麼說⋯

最後一次是十六歲那年
我對母親咆哮
左臉頰至今仍記得
父親手掌的溫熱
「不打不成器！」
我這麼告訴袒護兒子的老婆

見著孫子們就年輕五十歲的父親說：
「阮阿母自我細漢就翹去啊，二媽抱我走爆擊①
去乎燒榴彈吉著，腦髓噴甲我歸身軀。
尾啊你阿公才擱娶後巢。」
每次提起總是恨恨的埋怨：

「後母苦毒前人子！」
「不准叫伊阿嬤」
這是堅持十幾年的禁令，
不過，近幾年
父親總是抽空到檳榔攤陪她

一九九七年十二月三日初稿
一九九九年四月二十一日修改

註①　即逃避空襲
註②　燃燒彈
後記：從日本時代跨越到今日的台灣，父親實是時代悲劇下的見證者。同輩的台灣同胞至今仍保持著那種勤儉刻苦的精神，但年輕的世代已經無法體會那種生活。雖然父親只是一個很平凡的長者，卻是遭受過歷史洗煉的千千萬萬台灣百姓縮影。如何去描繪父親的形象？也許由他的口中更能表現出最真實的一面。謹以此詩獻給我的父親，及聊表對老一輩台灣百姓的敬意。

母親的畫像

孩子一離開子宮
便進駐了她的心中
噓寒問暖
秋風把少壯催成了佝僂
牽腸掛肚
煩惱在臉皮刻劃出阡陌
一點一滴淚水
將青絲漂洗成蘆葦
被吸取了太多的汁液
她脈動的血管逐漸枯竭
紅潤的青春
終於如冬日旱地般龜裂

不過
她的眼睛總是溼潤著
那是來年衆所期盼的雨水
她的嘴角總是微掀著
那是往日成長回憶的甘美
她的視界愈廣愈遠
且發著光
為了照看孩子向前的步代
而她的臂膀伸展
更為遼闊溫暖
以提供疲憊時歸航的港灣
時間一寸寸推她向永恆
她遲疑著
太多的創傷待她去撫平

太多缺憾待她去完成

眼淚和笑聲等待她編纂
她要為寒冷添衣為烈日蔽蔭
胸中一曲摇囝仔歌
唱給永遠的孩子聽

春光明媚裝扮不了她的衰老
晚霞絢爛璀燦不了她的褸襤
雁字南來北返
她的心總是隨著孩子浮沈
鶯聲燕語是她殷切的叮囑
不曾佔有也不懂去佔有
為孩子們瓜分自己的血肉
他們各自取得的

竟都是一個　完整的付出
這一切無他　祇因
親情大過所有
她是全部愛的
始源

一九九七．十二．二

後記：母親一生操勞，不曾一日安享休閒的日子，她常訓勉我們要知足、心安理得。吃虧就是佔便宜……
未料才六十出頭，便診斷出肝硬化及肝癌……她說：「感謝老天給我這種病，雖然是癌症卻不會痛……」為人子女的我聽了真是心疼不已！現在她已六十三，卻骨瘦如柴，大腹便便……時而因水腫及肌肉痙攣而痛苦不已，教我只能向老天怒喝：好人為什麼沒有好報？一嘆！

二〇〇三年七月誌於嘉義市

小小羅漢（註）

——寫次子庭聿

將我臥成一棵松
任你嬉戲逗弄

笑則笑矣用會心的喜悅發聲
哭則哭罷引江海的濤濤成淚
不容一絲矯飾虛情

是一朶蓮出於鍊戀紅塵
是一樹菩提遮蔭人生道場

萬般人世貪嗔痴

皆要伏首向你
請教一門最真純無瑕
天真的課題

註：次子庭聿未滿週歲常側臥如松下羅漢，每有喜惡皆放聲哭笑，稚子真性實乃吾輩所不及者，有感而記。

朋友

我過得很好，朋友
想起那一回的宿醉
幸好沒有被太太判罪
一直在意著最後一場鬥牛*
懺悔沒進的那一球

是否被小祖宗修理得很慘
天天被老婆的眼光掃射，朋友
活該中了丘比特詭計的我們
如今都已經和逍遙絕緣

是否懂得幫小孩換尿片
洗澡穿衣我可是很熟練

以往追求的緊緊黏在身邊
何時咱倆又能豪氣萬千？

對於選擇的可曾後悔
我在現實的腳下潸潸回味
你家那頭老牛可還安好
路口的蕎麥想已收割

年少的傷痕早經癒合
扶持的雙手仍然溫熱
雖然生性從來淡泊
我託涼風深深
向你問候，朋友

*球場稱一對一半場籃球對抗為「鬥牛」。

彩衣

是兩片未落但相擁的　葉
渲染了花　記憶中的顏色
粱祝七世的愛情
翩翩飛舞在有情的人間

前生是花
等著盛放你的笑
今世是淚
泌泌滋潤你的
傷痛
與你的
愛戀
永遠停留在春天

童語

我原是　蜜
你淡我以　水
我本是　材
你覆我以　葉
你問老人以　初生之喜
你植青絲以助和尚之禿
你復相詢

蒼茫
是什麼顏色？
皺紋
是什麼長度？

輯四◎美夢蚊鳴及其他

烈燄在深處引燃
棄之不去與呼之不來的種種
俱在眼眶沸騰
心裡燒灼

坐在南方澳的海邊

坐在南方澳的海邊
我是山

忍受著海之割裂
以陣陣微波往事　以匹匹回憶的衝激

有話
在胸口唱成百合對蒼穹鳴放
有淚
將心事滴成雨水向遼闊匯合
用碎裂的岩片計數歲月
以淒厲的谷嘯呼喚青春

坐在南方澳的海邊
聽漁船遙遠的呻吟　看魚龍入網的啼哭
我是盼望的眼瞳
燈塔的
失眠

舊照感懷

之一

青春被緊鎖著
不管是愚昧或癡狂
情感仍偷偷湧盪
等目光來重溫
一杯陳年醇釀

淡淡入喉
烈燄在深處引燃
棄之不去與呼之不來的種種
俱在眼眶沸騰
心裡燒灼

新月從枯枝探頭
有涼風襲來
一片落葉
獨載老樹蒼桑
靜靜躺在窗沿

之二

年少被記憶鎖緊
休說多少愚騃幾許癡殘
目光霎時點醒
時光的引線
心火怒炙
一鍋陳年的情感
淡淡入喉

些些淚的鹹
笑的燦　妒的酸
溫潤爽暖
每個細胞
注滿春天

一九九四・十・二十五初稿
二〇〇二・三・五重修

稚情

那時小學三年級
老師是個慈祥的歐吉桑
教室外綠色的方池塘
總在歲月中閃爍著金光

小小的喜悅在雨季後萌芽
蝌蚪搖頭擺尾在水裡歌唱
下課十分鐘　蝌蚪長後肢
我們有個高個子美麗的小班長

長長的麻花辮晃呀盪
白色上衣托著瓜子臉
藍色裙子像摺扇，她

安靜聽話又善良。
長腿的女生像蝌蚪
在我心湖游啊　游

不懂愛情的小腦袋瓜
一直擁抱著她的名字到今日
小小的傾慕長成一棵大樹
小小的班長早隨著青蛙的尾巴消失
祇是午後的豔陽仍在處處
詢問當年被填平的
池塘舊址

一九九七・十・四

維納斯

我想寫一首詩
為妳
卻不知該如何下筆
都怪妳太美
眼光一旦經過
就被妳攫獲
心房才一打開
就被妳佔據

這該是一首美好的詩
可是妳的美好卻超過任何形容詞
我在案前枯坐多時
窗外的星辰
都滴下了淚珠

送妳的這首詩
成為一樁難了的心事
妳的美麗依舊
我的愚癡如故
牽牛花繼續在籬頭歌頌朝陽
蝸牛繼續追逐
昨晚的月亮

一個孤獨的影子繼續孤獨
一樁難了的心事持續踟躕
我在苦苦思索
朝陽、月亮、蝸牛之種種
和一首
不知該如何下筆的
情詩

修正液

把妳的相片
和修正液放在一起
每回想看妳
便告訴自己
必須修正

每次使用修正液
也故意把妳的名字
從心頭塗去

雖然明知道
修正液覆蓋不了相思
修正不了愛慕

雖然也明白
一個清清楚楚的妳
已經走出相片
來到夢裡

就連每一瓶修正液的商標
現在也都
粘上了妳的形影

一九九七年十月十五日

後記：讀罷沙穗詩集「來生」後作，一分鐘速成。

井

那年跌下至今仍未
爬上來
他在冰冷中堅持
一種隱隱的
熱量
許多黑藻繼續在眼睛飄撫
那種香
是足以致命的
摻雜著慾望

不經意攫獲他的
那口井
依舊打撈不到

他的名字
雖然吸收了全宇宙的光亮
卻照不到
他身上

一個晦暗的靈魂
有著微弱的呼聲
「愛我吧！」
他重複千萬遍仍不放棄
那口井被女人的眼眸帶走
再也讀不出
他的思念

星夜訴情

夜是用思念織成的網
風是因沈默寫就的信
而星星
是點燃寂寞的眼睛

如果每夜
愛情都像夜來香
露珠便無由繼續
鹹在頰上

如果每夜
夢都笑得甜出了糖
也就無須獨嘸

冰壺裡
咖啡的苦涼

眼是希望的游魚
淚是記憶的水滴

而妳
妳是漩渦
在夜裡
水裡
咖啡裡……

抒簡

把你的淚逼出來
其中溶解著許多鬱卒和瘀傷
把你的哭嚎引出來
裡面壓縮著不少委屈與怨憾

用安慰過濾了你的傷悲之後
心情必定如湖水倒映出藍天
用支持撫平了你的憤懣也許
沐風的雲松正蕩出旭日

之於咖啡
你是苦我是水
之於夏日

你是池塘我是蓮
之於世事的林林總總
你是情緒與渲泄
　我是遺忘

生氣

用時間　秒秒
丈量　自尊
用沈默　寸寸
縫合雙唇
火山熊熊自內裡
煎熬　你自己

臉上卻層層堆積
難以溶融的

冰

傷心

我在太陽的臉上
塗上烏雲
我在自己的頰上
摑上指印
我以為
轉過臉去就可以
看不見 淚痕
那知曉
夢被驚醒的霎那
也便撕碎了
我的心

擱淺

如何才能使他明白
還有其他的存在
除了愛

對一個小小媽媽
成熟母親的要求
顯然是池塘摸擬大海的胸懷
魚們都在我的眼角憂愁
在我們的農莊裡
她祇保留鮮花，捨棄稻米
並且偶爾呼風喚雨
來期待豐收

我的寬廣容器
總是承接淚液
關於一個久經風霜水手的
浪漫結局
是一艘巨艦
擱淺在
風平浪靜的灘頭

一九九七、七、三

中年之愛

中年之愛不比年少
易生痼疾但不易感冒

不怕玫瑰刺尖
厭惡撩人的蝶舞
喜歡相思的況味
害怕震撼的音樂
走入花園　往往
為了追悔一朵花
某年的凋謝

中年之愛遠勝少年
以智慮前導用關懷發聲

憑歷鍊護持引眼神焚燒
不是浴火鳳凰的激越
是滿山滿谷楓紅無邊無際地蔓延

中年之愛非常膽怯
只怕別人流淚不怕自己流血
中年之愛非常緩慢
一隻烏龜想登太行山
中年之愛　嗯……
有些惶恐有些鄉愿有些氣喘
不太任性不太浪漫不太安份

中年之愛有時不一定在中年
愛太多或太久相處太少或太短
如果忘記了什麼叫中年並且

心臟願意承受
些些伏特的電擊
有愛
便永遠年輕

茉莉花

屋後的茉莉花
在默默地開
天上已蓋滿了陰霾

祇是香著自己的香
也白著自己的白的
圓圓綠葉中的一朵
有一滴露
正由蕊心滴落

不知道為誰而開
也不知道為何長在屋後

路痕詩集

前院酒宴正酣
偶爾硝煙也來嘲笑
夜讀的書生遠在五百年前
如今螢火不知提燈去照
那一家

樹掌在雲間翻找
迷失的月色
過了今夜的風雨
也許還能期待明朝
一雙新鞋的
踏踐

一九九八·三·十三

給親愛的

她說我不再為她寫詩，婚後
於是我提起筆卻
欲　振　乏　力

她的眼淚是醉人的美酒
她的嬌嗔是拂面的春風
她的身姿勝過楊柳的婀娜，在婚前
她仰慕的眼神成為我雕鑿的樣本
她是我唯一的女神

一切都沒變，她說。
我想為她寫一首詩
證明我也沒變，在婚後

路痕詩集

我用力　掏空思想
蒐尋辭彙咀嚼意象並
解構情緒複習累積多年
對她的讚美
腸枯思竭後見我一臉茫然
她問
怎麼寫了半天
也才只有一個
愛

一九九九年七夕

在妳睡著的時候

在妳睡著的時候
喜歡點起一盞小燈
有點昏黃的那種
當夜靜靜撫平妳的倦容
我正默默走進妳的溫柔

沒有比妳的黛眉更誘人的
我划著兩條槳，在妳的髮中漫溯
寸寸推敲著妳的夢境⋯

鼻是一座絕美的宮殿
引我朝聖了千萬遍卻不厭倦
櫻唇像一隻調皮的魚

即使睡夢中仍不停在與我的慾望嬉戲
妳那豐腴的耳垂
厚厚掛著兩塊「幸福」

不敢將妳擾醒
怕妳睜開明媚的眼睛
勾引我的獸性⋯
不敢驚動妳的深情
怕妳忽然噘起嘴追問
我愛妳有多深？

二〇〇三年八月二十八日於嘉義市

美夢、蚊鳴及其他

鶯聲燕語
把夢境攪得濃稠
相思太熾熱
煮沸了慾望的水流
浪漫才開始
就被嬰啼喊破
左側的鼾聲伴奏著隱藏的風雨
右側的囈呢流淌著失落的秘密
室內溫暖且幸福
空中有野鶴作雲遊

守在床邊，她半寐著。
期待一種發生，無論在他或她的夢
如果能夠，請容許

路痕詩集

一種癡情繾綣成甜美
一種苦戀發酵出香醇
一匹愛情的織就

有鳥在江中偷水
水是玫瑰紅的
鹹澀但溫暖
他第二度甦醒
一把劍正刺入夢的核心
從圓滿中尋找缺憾
在理智上挖掘愚蠢
撿拾夜之碎屑
試圖拼湊出嬋娟

回到床沿
餵她以眼眸的深邃

她的唇瓣漸化成某種口器
開始吸吮血液

現實輕牽起懵懂的右手
將迷惑的臉頰狠狠
掌摑出鮮紅的
苦痛

一次全然的清醒！

一九九八年三月十八日初稿
一九九九年一月十三日改寫

夢

感激的是
你來小坐
在我那簡陋
僅僅容納下你我的天地

我們沒做些什麼
除了愛

泌泌地泉湧

是的，甚至連話都沒一句
就墜入浪漫的故事
星星與流螢談天
晚風與傳說繾綣

世界的美好
都在一瞬綻放

我想與你私奔
但是不必
因為無處可去

這是最美的所在
在你微笑的嘴邊
在我溼潤的眼底
永恆於是這般閃現

一九九七·七·五記一場夢

白色的

可以容納所有的夢想
在白色純潔之上
在白色的背景中
容許想像最極速的奔放
並非索然無味
當白光正泛放
氣氛是真誠地
思絮是繽紛地
空氣是香甜地
顏色來自暗潮洶湧的波長
音樂彈奏出心弦的蕩漾

白色是

靜中之動
青山下碧潭中
一隻悠然的天鵝
足下有漪漣
在撥弄…

醬油與法國香水

醬油不斷解釋
經過了多久的鬱卒
多長的蟄伏
多濃的愁苦
雖然只有半瓶子
很多陽光在裡面啊
當我還是黃豆的時候

很多汗水在裡面啊
當我試圖蛻變的時候
當我被拘禁在黑暗的地下室罈中⋯⋯
很多很多
我不會說

（你噌噌就知道了）
香水於是緩緩開了口
把滿室的鼻子都
拉了過來

二〇〇一・七・二
兩朵雲在青山相遇

沸騰

——一個浪漫故事已然提筆，所有不可能的邂逅都被期許，霎那間的交會幻化成永恆，當那種感覺流經心底⋯⋯

像是前世並膝在佛前許願
供奉的馨香馥滿今生
麥迪遜之橋停駐在愛荷華
偶雨之傘擎舉著雙肩的溫暖

過程是一種擁有　結局是承受
雪花逕自沈醉於自由與飄逸的空氣
當足夠的熱亮來自款款地眼神
似水的柔情於是開始沸騰

註：Bridge of Madison country 是一部電影，記述一個美國傳統婦人與國家地理雜誌的攝影記者浪漫的愛情故事。由 Clint Eastwood 執導。

明月與我

我走
明月也走
我停
明月也停
我問明月以憂愁
明月答我以莞爾
我告訴明月悽寒
明月許我以溫暖
我欲上青天攬明月
明月躲在烏雲之後
是我追逐明月
或是明月跟隨著我？

明月照見我的真情
我卻不懂自己的心

一樹枯枝伸向黑暗
它想抓住些什麼？

一顆露珠從葉尖
輕輕
滑落

無曲的歌

就說是無曲的歌
只能用心韻去吟哦
硬是要唱出口
使故事變得那般淒惻？

就說是夢一場
偏要在醒後才感傷？
那夢中的浪漫
怎奈得現實的摧殘？

就說是一團霧
永遠看不清事實

路痕詩集

何苦守候在崖顛
等得另一場邂逅

就說雨不會停了
奈何在雨中欠撐著一把傘
把心都淋濕了
徒教我難過⋯⋯

Cyber-love

開機，也便打開了一個故事
在硬碟上 run and run
尋找她的 ip 位址

德行　enter/英俊　enter/壯碩的體格　enter
給你一個 ....^_^
把熱情的 p 數→放大/溫柔→反白，不斷複製，貼上
MSN 也好 ICQ 也罷
到聊天室去或發一封
文情並茂的　e-mail

答案？只有兩種選擇：
1.好/ 0.不好；0.不要/ 1.要；1.敢/ 0.不敢

不必透露真實姓名，以示不必負責
可以扮演白馬王子即使你是一隻
如假包換的　癩●蛤●蟆　>.<///
可以雙重人格，把臉上的笑容在鍵盤上
敲成一顆閃爍的　淚珠
只要頻寬夠，不當機
二十一世紀的愛情
可以有多重選擇(不如一包泡麵持久)
男女關係透過光纖…靠病毒傳播

結局只有兩種：
0.不見/ 1.見；1.愛/ 0.不愛
開機 .1…關機 .0

DREAM

What I am grateful is
You stop by my humble place
Contained only you and me
We did nothing
Except love keeps emerging like a spring
Yes, not even by a word
We fell into a romantic story
The stars talking with the unsettled fireflies,
The wind of the night entangling
With the legends, everything wonderful
In the world blossoms at the twinkling
of an eye.
I wanna elope with you but no need
Of the excuse of no place to go
The most beautiful place exists
At the side of your mouth while
Smiling and in my eyes where the tears welling up.
Eternity, hence, appears in a flash.

路痕作品

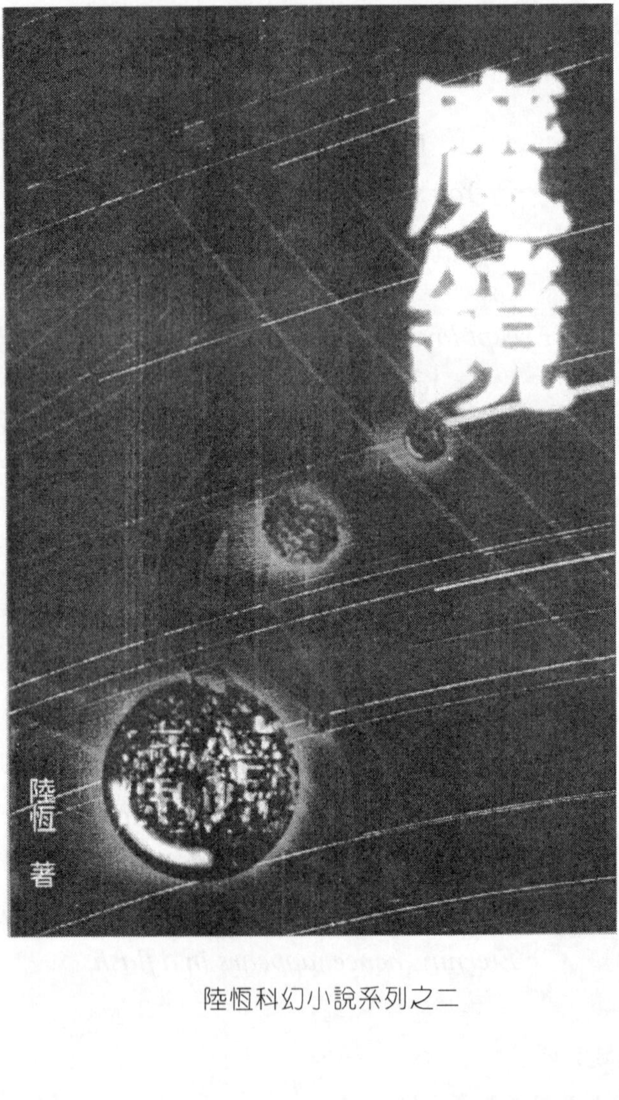

陸恆科幻小說系列之二

輯五◎　想問你，詩人

他說他認識我且讀過我的
墓誌銘，正如
我從文學史上讀到的那些
勃起的陽具

給LM的祈禱文

因著一隻青鳥的起飛
詩的大門終於開啟
主啊！我用靈魂擁抱
請讓我成為天地間的最後一根弦
俯身向信仰薄弱的詩人

日月的雙軌早已劃定
我在天空來來去去
他們不懂永恆與美
反因光環而感到暈眩
我用燈屋照徹心靈
沒有人看到我家中的光明

第三自然已經成形
螺旋形架構也已完成
都市的男女不願受洗
祭壇上唯我背負真理
苦啊！他們在拆毀
我用虔誠堆堞的基業

麥堅利堡有您的昭告
我引馬可仕之榮耀見證①
他們的確不懂金牌的價值
除了摩門教徒居然無人背書②
我在拿撒勒之外傳道③
忍受異教徒的攻訐

先知已經離我好遠

VENUS 與 *MUSE* 尚在途中 ④
請賜予我詩與美的十字架
在人間立成一具
不朽的完美雕像，阿門！

註①〈麥堅利堡〉為ＬＭ獲菲律濱總統馬可仕金牌獎之詩作。
註②摩門教徒相信基督教藉由先知鐫刻在金牌上之經文得以在美洲流傳。
註③路加福音第四章第25節敘述耶穌在拿撒勒傳道被攆出城
註④VENUS希臘神話中主司美的女神。MUSE則為詩神，相傳有九位，天帝宙斯的女兒。

後記：為自己在文學史（詩史）上的地位留名立碑，ＬＭ非第一人亦非僅有，之所以屢遭抨擊，其實是因其秉性天真對詩之狂熱已臻宗教的境界而忽略了詩壇的道義和其他詩人的感受。對詩之忠忱若此，不知該報以熱烈的掌聲或無限同情。

給渡也的介紹信

被你無意之光芒刺傷的我
原是一顆擁有
堅韌種皮的種子
年少的稚情不經意
迷戀著黑皮手套掩蓋的
LOVE
因你之忽視而得以
默默發芽的
詩的子葉
從傷口迸出於十六年前
十六年後在詩壇闖蕩出一個
早經遺忘的隱形人

你傲岸的額頭仍
堅持著策馬奔入歷史的成就
我固執的筆桿仍為了
憤怒的葡萄及實現自我
不停的揮動

那年慶功吳鳳南路的火鍋店早已關閉
卻關不了新文藝概論的師生記憶
你南征北伐挑戰權勢的勇氣
仍時時傳來鏖戰的消息
狙擊手的威名果然難望項背
不曾投靠的我其實並無所謂

今日詩林中的幾片冗葉
其實源於當年種皮的破裂

我想無心插柳的人並不在意
因為莽莽的古木森林
難保有一天會被現實焚燬

想問你，詩人

——致沙穗

想問你，詩人
什麼靈藥讓人滿足？
想問你，詩人
什麼美顏讓愛戀不渝？
想問你，詩人
什麼花朵讓春天永駐？

你笑著回答

燕姬

為什麼嫦娥長伴君側？

為什麼明月只圓不缺？
為什麼王子和公主從此過著
幸福快樂的生活？

你笑著回答
愛情

那裡是溫暖的所在？
那裡可以療傷？
那裡是人間天堂？

你毫不猶豫地回答
燕姬　加　愛情

讀你的血　你的淚　你額上的風霜

路痕詩集

眼角的憂愁　嘴邊的愉悦

讀完你
出版及未出版的詩集
寫出及未寫出的詩句
我才嚇然發現
內容只有一個名字

只有一個名字
便足以生火取暖
只有一個名字
便可以療傷止痛
只有一個名字
就能夠與你緊緊擁抱
讓你的詩發光發熱

詩人，我問你
什麼是你生活的依靠
何處是你的居所
可是你說

噓！
請靜靜凝視
燕姬
深情的眼眸

偽飾

他說他認識我？
從文化中心的尸架上(註)
就像所有的學弟應該認識學長
我們頭上的衆星辰
從不在意地面有多少
閃靈的目光
我是一具被支解的沉默
用皺紋搭建羸弱的天梯
用眼淚攀爬荒蕪的高度

他說他認識我且讀過我的
墓誌銘，(正如
我從文學史上讀到的那些

勃起的陽具）
其實我該認識他的
我說。可是，
就像所有的學長不必認識學弟，我假裝
一根火柴不屑去
吹捧
愚笨的太陽

兩千年七月九日
台灣現代詩人協會成立大會上遇紀小樣

註：請選擇自己喜歡的同音字，例如：蝨、屍、溼、虱……填入。

【附】紀小樣覆詩

借光

——詩附路痕詩兄

太陽無法體會一支火柴的寂寞
正如　火柴無從體會太陽的
寂寞的本質沒有大小、長少
相對整個宇宙的　虛空

我感到慚愧；那麼多人
認真而努力地抹亮詩的
黑夜，竟還有人想要霸佔
天空所有的星座…

而落在腐草與敗葉之間
我只是一隻不巧破土的
一ㄥˊ火蟲，更不巧的是
發光是自瀆的唯一方式

唉！您會怎樣
對一隻無知的螢火蟲
描述黑洞？
尤其是在
大雪紛飛的
冬夜……

註：一ㄥˊ字也可選擇自己喜歡的同音字；
如：迎、螢、蠅、贏或淫……等。

致章安君

我休眠的壯志
被你的呻吟擊痛
竟夜在愛兒妻側
咀嚼你白色的淒寒

這夜是不成眠了
你用苦傷發音
在葡刊中吶喊
字字鉛錘著我的眼瞳
聲聲母親的渴盼
撼動人子的脆弱

想注你以我的血

若果能救人情的赤貧
安君之落寞以詩心
但願激起濤天的惻隱

寄你以我的詩
不能代替腎小球
濾去世間不平種種…
恁地一身才華　喝采何用？
阻不了窮困的土石流
我拋一磚向玉壘
何時見千古英雄不被浪淘盡？

嗟乎！歎乎！為命運悲愴
靈感止不住你隱隱地病噩
惟彼岸不寐的支筆

正泣下惺惺地
淚
滴

夜讀一五五期葡萄園・見章安君詩不成眠
二〇〇二年九月二十二凌晨於嘉義市自宅

【附】章安君詩作兩首

母親

在這高高的腎移植病房
在這命運的窗口
遙望那千里之外的鄉關
遙望那白髮蒼蒼的母親

平凡的母親
不識字的母親
苦苦節約每一分錢的母親
常常叮嚀我天寒加衣的母親
此次兒行千里
又讓你日日夜夜的驚心

在這貧血的日子
骨已被抑制
但我的血管

仍有著故鄉孕育的細胞在洶湧
我知道
這一定是生命的潮汐
盡管手已被吊針所困
但我的心——
仍會朝著那地球上最
大的吸引力而狂奔啊
母　親

腎移植病房

揮金如土
揮命如紙
腎移植病房
裸一片茫茫白色——
讓病夫在大雪一樣的心境裡
獨自苦吟
一片小小的柳葉刀
沿著皮膚的捷徑
直達你的心腹大患

人生在世必遇險
金屬的尖叫聲裡
亮出了生命中窄窄的
華　容　道

每天的針眼、吊瓶
每天賁張的血壓
每天巨毒的藥物
而那決定命運的化驗單
正綻放了一隻隻
恐怖的眼睛

命是一根懸絲
而面臨的卻是
風刀和霜劍
歷經劫難浩然嘆：
換腎如換命

魔女

——速寫顏艾琳

成為一隻魔女
或一頭情獸
沒什麼不好
省得被那噬人的孔孟
綁手綑腳
住在黑暗的溫泉中
等一具浪漫
成形或不成形
醱酵或不醱酵
偶爾也抓幾隻文學的跳蚤

來調侃
就是別在我赤裸的身上
倒滿文字
別逼我
當
忍●無●可●忍　的時候
停止搔
詩的
癢

詩泳六式

詠壇如泳壇，奇門怪招各擅其場。新手老將齊集一潭。有奪標者、有滅頂者；有晨游者、有昏泳者；有佔著頒獎台者、有拒領獎者⋯⋯

【仰式】

眼看天（閉目也行）
別看　前面
前面也許是別人的臭腳丫
也許是迂腐的硬腦殼
只管把手往上提　把身子往前提
努力超越前一個自己
如果　疼　在後腦勺呼喊
那就是你已到了
彼岸

【蛙式】

可以浮出　但別把頭抬高
否則難免惹人嫌棄
可以潛入　但別窺人隱私
否則準會挨　踢
上上下下東南西北都可以任由你揮灑
可是別進了人家的芭蕾舞場
因為你只是一隻　蛙
不是
美人魚

【自由式】

會這一招的人可多著　誰理你？

除非你衝第一　或者
殿後
反正別想像自己是一艘遊艇

因為你　不夠豪華
也別誤以為自己是艘戰艦
因為　水面有更強大的火力
如果不服氣
倒可以安慰自己
假裝是萬衆矚目的　鐵達尼號
不過
是在沉船以後

【蝶式】

看你那麼拼命

到底是為了什麼？
時間的河流可長得很
你有多少氣力？
老將輕撥慢泳
你撐得有他久？
新手駕輕就熟
你游得比他快？

頂多只是把不悅的水花
濺在大家頭上
下次比賽
你準被除名

【狗扒式】

扒個啥勁？

你這隻狗
也來湊熱鬧？
到底
懂不懂詩

管你游得好不好
反正這是一池乾淨的水
我們只嚐人尿
不歡迎狗騷

【海盜式】

反正我已爐火純青
你奈得我何
衆人都稱我泳技精湛

你管我什麼身段
識趣的閃一邊去

免得被我的手刀劈
膽怯的別來攪和
省得我多費氣力
只要一口氣在
這個泳池就是我底

【註】海盜式之游法：一手仰式一手自由式，雙腳則自由式混蛙踢，游時呈45度斜切入水，狀甚誇張。只見泳者時而臉朝下時而臉朝上，像斜陀螺般打轉。

【又註】若有人用海盜式游泳，四周的人最好通通避開。

路痕作品

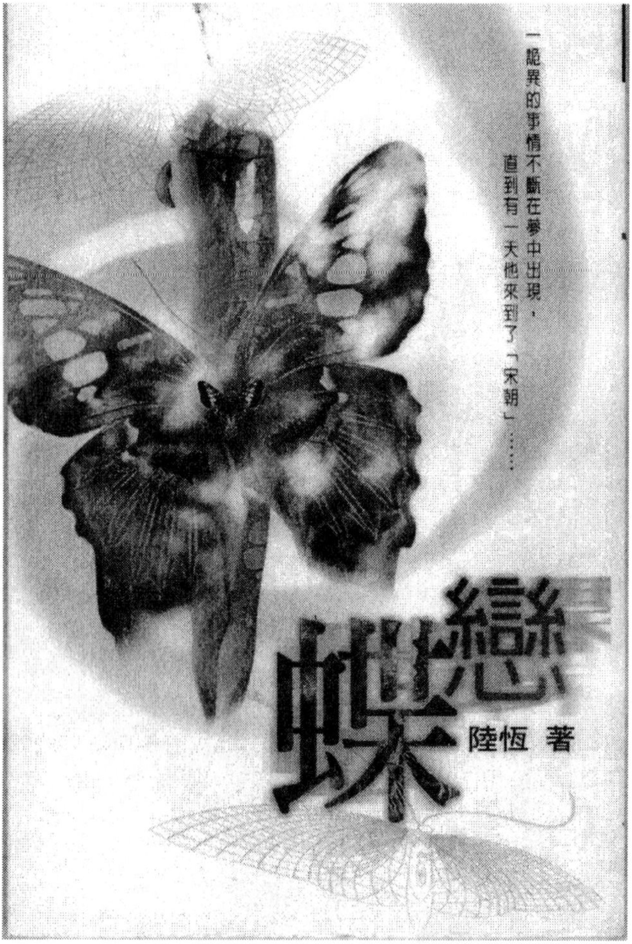
一個詭異的事情不斷在夢中出現，
直到有一天他來到了「宋朝」……
蝶戀
陸恆 著

陸恆科幻小說系列之四

輯六◎

隱形的詩人

尋一個詩人
當他得了阿茲海默症
把落葉當成掌聲
用結繩丈量體溫……

隱形的詩人

Poets are born, not paid.--A. Mizner

我是隱形的詩人
寫隱形的詩
愛慕虛榮的人　看不見
庸俗市儈的人　看不見

我用看不見的靈感當墨汁
寫看不見的字
詩人們都驚嘆

我用死不了的靈魂當筆
寫在抹不去的歷史
詩人們都很妒忌

可是我的詩是隱形的
我的人是隱形的
沒有人能夠去吟唱
也沒有人能夠去評論

我很高興
當個專寫隱形詩的隱形人
讓我的不存在
去嘲笑那些驚嘆和妒忌
因為只有

不朽的詩才是永恆
我只是個被詩召喚的
代名詞

拒絕

拒絕偉大，也拒絕卑微
一支筆踽踽著自己的路
哭笑著自己的心事
無所謂紙明不明瞭
也無妨眼睛不來看顧

拒絕掌聲，也拒絕噓弄
在人群之中寂寞
在孤獨之中享受
有手可以自己喝采
有口可以自行斥咒
拒絕拔河，也拒絕綑綁
拉別人過來，或去填充他人的虛榮

都無意義
讓繩子變成一條蛇
逃離自私的役使

拒絕參賽，也拒絕批判
讚美不會成為光環
鞭笞不會折損翅膀
花朵祇管歌頌春光
不在乎被採摘或踐踏
拒絕永恆，也拒絕死亡
螞蟻在追尋永恆，食蟻獸不以為然
獅子在追求永恆，獵槍取笑牠
人類在追求永恆，逃不出癌症和遺忘的
魔掌

太陽發送著光和熱
管它永恆不永恆
我祇懂得
此刻

同與不同

不同的眼睛
讀著相同詩句
不同的詩句
寫著相同的情緒

不同的耳朵
聽著相同的話語
不同的話語
說著相同的期許

不同的鼻子
聞著相同氣息
不同的氣息

呼著相同的嘆氣
不同的嘴巴
唱著相同的歌曲
不同的歌曲
訴著相同的別離

不同的雙腳
站在相同土地
不同的土地
流著相同的血液

不同的舞台
演著相同的戲劇
不同的戲劇
留著相同的結局

詩

你們不會相信
妓女也寫詩
在愛戀的眼眸
乞丐在貧困的時候
也曾露出笑容
那時餓著肚子
精神卻很充實

春天把詩寫在花朵
星辰把詩留在露珠
至於紅著臉的楓樹
唱著歌的瀑布
他們對詩永不厭倦

一些虛榮的人類
偶爾塗塗鴉填填詞
便把桂冠往頭上戴
連睡覺都不肯拔下來
那具腐敗的棺槨
究竟埋藏了多少詩册
那些傾圮的墓誌
竟又鐫刻著多少價值

花朵開放美麗並不長久
瀑布歌唱也有枯乾的時候
詩是一種芬芳　絶非一頂桂冠
詩是一種喜悅　不是得意的掌聲
詩是一種幸福　毋須多餘的讚歎

路痕詩集

詩人只是一枝蘸滿靈感的筆
存在於寫詩的片刻

附記：普希金(Alexander Pushkin, 1799-1837)致詩人(1830)：
「詩人！不可重視眾人之愛，他們的嘈雜掌聲消歇迅速，然後你就聽見蠢夫的評判，與群眾令人寒心的訕笑。」

自慰

他每晚必在稿紙上
擠出些精液
雖然不曾找到一顆
饑餓的卵子雖然總是
成為翌日陽光下之
曝屍……

他喜歡靈感在孤獨中被
強暴的快感，喜歡
當稿子揉成卵狀溢出
濃腥的詩味
雖然，
他的受精卵從未著床
也沒個人樣。

被一排新大樓遮去的落日

本想把一種日日堆砌的怨
在暗夜發作，當日沒後
對月傾吐夕陽的暗殤
實在不妥
眼睛被文明鋒利的斜影
切割
詩筆終於血流成河…

每天陪閣樓小窗調情的落日
終於被囚進大廈的暗房
日日對望的溫暖景象
逐步冷卻成
寒星的淚滴

從此如何
蘸餘暉以三兩歸鳥
用雲的行姿
書成
詩意的黃昏

一九九四·六·一於短竹居

坐筆到二十一世紀

坐筆到二十一世紀
探望文學
稿紙已成文物在視窗中展示
網址與檔名、副檔名
解構了讀者的興趣
被徹底分類了技巧以至藝術成份
詩人這種被保護的稀有動物
在隨機存取記憶體中
載 浮 載 沉

坐筆到二十一世紀
閱讀愛情
唾液與精子很難找到

柏拉圖的理念
民法不斷修正婚姻的權利、義務以及
有效期限
外遇百分之八十在電腦發生

坐筆到二十一世紀
從一九九九出發
帶著文學與愛情的考古試題
請新新新人類做一次心靈測驗

食人

希望有食客三千大蔽天下寒士以我的詩

他們都說
算了吧！
你那匱乏鹹苦乾癟且
血淋淋的心？

於是我開始
吞食冷漠解體現實消化市儈並努力調查
有關
可怕的師承駭人的利誘欲望的籍貫
以及石頭的
溝通方式

最後決定把自己
剁成肉醬曝成肉乾研成粉末去除狐臭添加
各種唯他名及淡白值調和百種誘人的
荷爾蒙

他們都說
算了吧！
我們不食人間煙火
我們只吃自己的骨肉

發牙

一個出版商朋友
饋我以一封無奈
我能明白
終究只是一種歉意
那也是我的心曲

其實賞花賣花的人多
有心栽花的沒幾個
因為除了滿身污穢與疲憊
也無法體會將來的香味

選擇當一顆種子
選擇在一個人跡罕至的山谷

選擇夢想選擇糞土
我只能面對蟋蟀的大顎
狠狠地
發牙

詩會

——側記台灣現代詩人協會成立大會

之一

一種原罪
愛詩的人來自八方
風雨吹不動端坐著的
許多白華在腦門上閃亮
我是一隻　寒蟬
噤著
深怕一不小心
驚起整個樹林的
　　鴿
　　　翔

之二

聽說是一種病
或者瘤
我小心翼翼地預防著
那靈魂深處的
癢
在一擁擠著白色病患的房間內
拒絕感染也是
枉然
彈響一遍皺紋，之後
嚇然發現
每一張病床上都綻放著一朵
驚世的奇葩

牢騷

啖盡千桑
不吐一絲
歸咎於夜短無夢日長無愁
低濃度的睪銅素
養肥的貓不偷腥
歸咎於無咎可歸
新政府不與舊權貴火拼
文學界好久沒有噴殺蟲劑
夜半蚊蚋
忘了來叫醒詩人的咒罵
總是這樣子
發誓脫離這群痴人

埋怨只是汪洋中的一滴水
工廠裡的螺絲釘
折斷詩的筆剪斷詩的緒
第一千次與詩叛離
讓他們各自去清理自家的門户
然後
同歸於盡

爭著在那塊碑上刻自己名字做啥？
為什麼要搶著背負十字架
願意當燈塔不願當蠟炬
寧可為群星不可成流螢？
歷史記得你的名字
後人看到你的偽飾
舉起尖鋭的驕傲

路痕詩集

在臉面上刺上詩

決定與她斷絕
在一千次的叛離之後
許多詩句通緝我
把我抓回牢籠
於是我被判了罪名
立下了這紙供辭

二〇〇〇年七月十三日 於 嘉義市

孤島

在「三百首」之外
我是其中的一個
姓李，但無啥好「賀」
就似一座孤島
被劃入交戰的一方
我的美麗的桃花源上空
飛舞著駭人的砲彈
被歷史遺忘是一種必然
地圖上不曾標示過我的超卓
多少的蟲鳴鳥叫也
淒厲不過一顆子彈
我在島上開花繁衍
以清涼的綠蔭蔽大地而非

以血染紅天空
那些猙獰的野獸
都在遠天嗥嘯
為了
讓世界記取牠們的　醜陋

二○○○・十二・十三於嘉義

回手

一股真氣
從 outlook 襲來
我氣運丹田
細細承受
為何不回手? 你是不是
長鋏歸來的
一襲青衫

我從記憶的枯井中
探頭
看看早已淡褪
文字的顏色
窗外不再有女奴守候
我在蒲團上讀經

路痕詩集

大口喝酒

尋一個詩人
當他得了阿茲海默症
把落葉當成掌聲
用結繩丈量體溫
當他汗青如
採藥小徑的苔痕
聽見空山的回響
並且低頭

菊黃一地
不如籬上的牽牛
腹中咕嚕
伴春雷大作

讓都市熱效應去熱它的
我拈花一瓣
看她
飄向何方？

借詠四題

紅花

燒一把青春之火
向世界宣告
拒絕沉默
用渾身氣力舉起　驚歎的
眼光
這是吶喊的一把旗
以自由以熱情以美
秋的魂靈嗟怨
她總是不經意捏碎
傳說中愛的冠冕

老根

撐起了整個地球
在宇宙中旋轉
尋找一個支點
平衡生命的沈重
不然就當是
億萬隻愛玩的手掌
捏塑出一個
綠色的希望

殘枝

指向天或指向遙遠
其實並沒有差別

青翠的歷史
燦爛的往事
都已遺失
想抓住什麼呢？
失血的掌聲
迷惑的蝶影
或是骨骼斷裂的痛楚？

枯葉

快點吧！你們這群枯葉
別意氣在枝上而錯失了
化石的機會
新芽既已抽長
仍然記錄著你們的模樣

花朵早經凋殘
在最美的極至
親近泥土的呼吸吧！
接受根鬚的擁抱吧！
蟬兒必會歌詠著你們的慈愛
以年輪的刻盤

心靈三部曲

葡萄

嚮往一種甜
必得耕之以汗的鹹
淚的苦
心的酸

期待一片綠
先要犁破心之荒蕪
拭乾血之腥紅
疲累之枯赭

追求最後圓滿

請默默
忍受蠕蟲嚙咬
烈日的燒烤以及霜雪的煎熬
所以在堅毅中成就
一顆晶瑩剔透的
靈果

美酒

醱酵
以喜怒哀樂
以柴米油鹽
以不吐不快卻又刻意封藏的
心事

關於美的追求
需要歲月去催熟
至於醉的結果
乃是
詩的必然徵候

夜光杯

那麼
舉起來吧！
盛滿詩的杯盞
讓心靈狠狠地碰撞
乾！

註：這組詩發表於葡萄園詩刊 150 期，獲得該刊四十週年詩創作獎

路痕作品

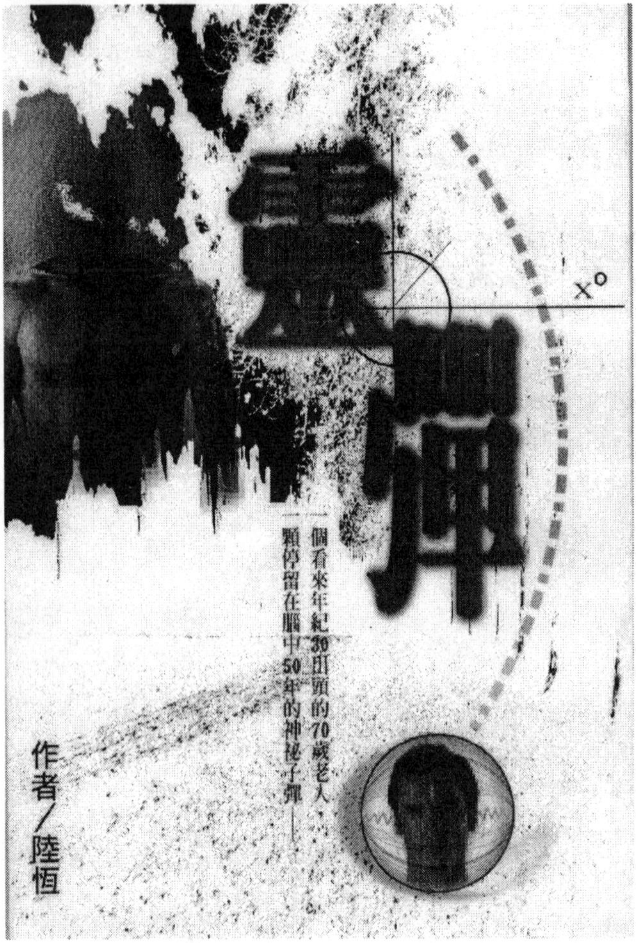

陸恆科幻小說系列之三

輯七◎輸送帶

用恐懼發問
開奴僕的花
人總把靈魂廉價賣給
從不現身的上帝

哈伯深場現象

朝向宇宙中一點　觀察宇宙有多大
原來竟是顆芥子
五百億個銀河不及恆河沙
所以向內注視
眼觀鼻　鼻觀心
心觀我
也是一點　如一個宇宙
一個恆星系一個元素
一個句號一個了知
用哈伯望遠鏡
觀測我們的內心

一千年後

平行線在非歐幾何和黎曼幾何中交錯
愛因斯坦否定了時空的絕對性
耶穌的天國和西方樂土終於合併
大智者脱去了衣服　脱去了臭皮囊
脱去了知識
陰陽調合　正粒子遇上了反粒子
於是 光 產生

是無中之有 有中之無
我們都踏著光 步向了五維空間
你的口袋裡裝著九大行星
我的吐納中包含天鵝座的X星雲

小孩們把月球當彈珠擲來擲去
誰先進了黑洞誰就勝利

我在一千年後寫了這首詩
用你無可置信的形式
唯物論唯心論進化論退化論
諸法空相不生不滅不垢不淨
科學是自然的一部份
自然是能量的一部份
能量是無
無是光的一部份⋯

威而鋼

人性淪喪愛情褪色的時候
需要一點點最後的堅持
凌辱到了極至忍受已然潰崩
死路後面一條大道

威而鋼

一管勇者的大砲
向大女人主義還擊
向衰老軟弱宣戰
悲逝邁的鐵血注入
天安門的怒吼揚起

威而鋼
一柱擎天的大旗
昭示著
虛假短暫的勝利
妳要的是不是這種死去活來？

威而鋼
妳推崇的是不是這樣的英雄本色？

威而鋼
妳是天生的好戰份子

渴汲於每回投降的哀吟
（天下之至柔莫柔於水，天下之至剛莫剛於石…）

到底誰是最後的征服者？
當激情與剛強軟化的時候
當一滴水從額頭和眼角流下
一朶滿足正沿唇瓣
輕輕開放

輸送帶

命運是具龐大的裝配線
死亡是幸福最終的產品圖
童年在前端向終點奔馳
回憶在後側向原點仰望

時間寸寸逼迫著
傷痕與皺紋且糾纏且茁壯
笑與哭則是
齒輪活生生的輾轢

或許躺在上面被解體
或許因其併裝而完成
歲月是條生命的繩索
雙手在與永恆拔河

無神論者箴言

救贖與毀滅在討論
十字架與準星的親戚關係
人類早就被「十」固定在生死之間
從耶穌起始
被舉起的
除了榮耀的咒罵
還有復活的死亡
釋尊一手指天一手指地
上下不得來渡衆生
神與非神
愚蠢打開了天堂之門
卻因智慧而誤陷阿鼻地獄

彎刀抵住喉結
能吟誦最美的可蘭經
用恐懼發問
開奴僕的花
人總把靈魂廉價賣給
從不現身的上帝

尼采：人人口中說自己是奉上帝之名…
但據我的發現，這往往是那些偽善者，自我欺騙的最佳方式。

一九九八年七月二十七日於嘉義

奮起湖兩題

【十八羅漢洞】

不是好漢
不要嚐試
膽量與勇氣不算什麼
這是回憶的倉庫
和你在黑暗中擁抱的女子
如今成為一種溫柔或痛苦？

羅漢們在此處修練的
無非勘不破的情關
不管是笑聲或眼淚
誰教你把風花雪月

刻劃在
原本悠閑的山間

【天塹奇觀】

既稱之天塹
人間本不可得
有緣來此
也只能用悵惘去虛構

在生死的夾縫中攀爬良久
人們仍聽不見你
屬於石族的感動
終於轟隆一震
你閉緊了數百年
桃花源的大門

後記：「天塹奇觀」為奮起湖風景區最驚險的景點。由一高數百丈寬數十丈之巨岩皸裂而成。遊者須於攀緣間穿越懸空闃暗的岩腹裂隙始竟全程，刺激駭人。多年前往遊，畢生難忘。今年與起復往，始知天塹已因年前地震而閉合，成為歷史，不復可攀。悵憾之餘，遂詩之，以為記。

射日塔

一管桃紅色的唇膏
在天空點染
人間滿溢的心事
用血寫成的歷史
現在已美成一朵豔紫荆

說給雲聽
已若夢的往事
畫給鳥看
正繁華的市景
至於代代相授
射日的慘烈與勇氣
月與日不就
時時在提起

後記：射日塔為嘉義市最新景點，由原忠烈祠重新設計改建的新式高塔，座落於嘉義公園最高處。上有 360 度玻璃視窗，可俯看美麗的市景，現已成為嘉義市的最新市標。

一九九九年八月二十三日

足球

非禮勿 摸
在腳的森林中
裸奔的一蕩婦
終於
被胸過
被膝過
被肩過
而後被火辣辣的眼神與
腦怒
狠狠地
頂撞
最後被緝捕歸案
一個法網不漏的
囚

邊緣

在稿紙容不下字的地方
一個漏網的故事

右手駕著快馬向天邊
夕陽無情地燙傷著海洋
床下老鼠驚訝於
木頭的吱吱
耳朵不解
嗯哼是苦痛或快樂
兩足　四足　多足或無足類
在表面殘喘
生命從未深入核心
眼睛看到的是　表情

欲望看到的是　曲線
舌頭看到的是　甜味
雙腳向面前
回憶向身後
死亡不是盡頭
是邊緣

癌

一種聚合體
集合了懷疑
無奈
親人的淚
和恐懼

不願相信卻不能不信的
命運的黑手
緊緊掐住了喉頭
不管所謂善有善報
或惡有惡果
男女老少
富貴貧賤

逃不出它的掌握
以不斷的生來詮釋死
累積在心中和胸中的塊壘
在悄然中來臨
向人類的驕傲宣告：
你，
只是被作弄的
一聲歎息

路痕作品

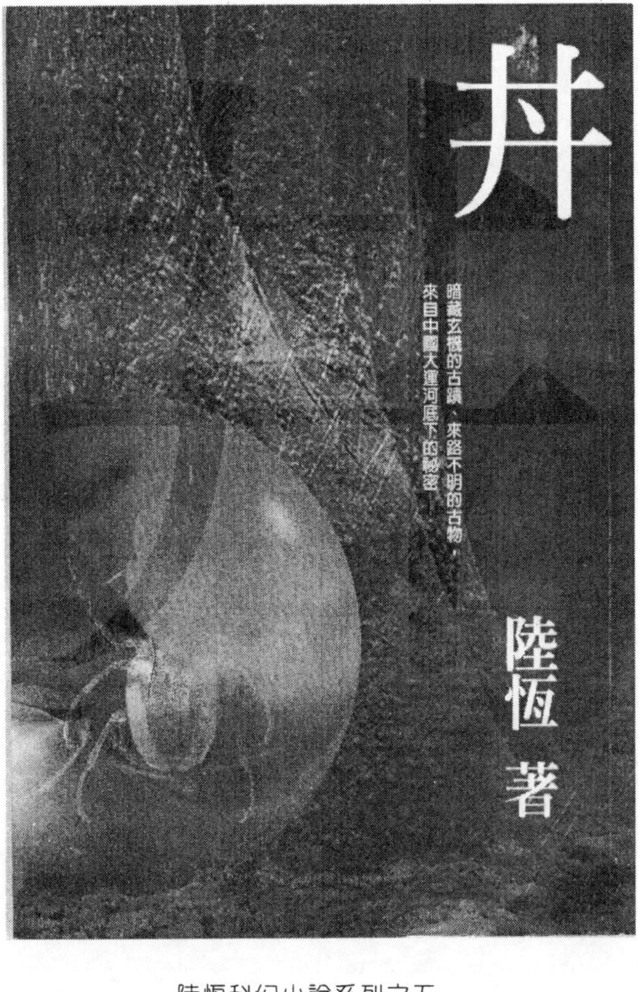
冉
暗藏玄機的古鎖、來路不明的古物，
來自中國大運河底下的秘密
陸恆 著

陸恆科幻小說系列之五

【卷尾詩】

關於一個寫詩人的成長經過

起初是杯可飲用的陽光[1]
多麼詫異呀
接著是手套與愛[2]
那般睿智且浪漫
年輕心事[3]要用詩去把脈
如果愛情像口香糖[4]的話
我彳亍在栗色門前[5]等一個人[6]
抬頭仰望天邊二十五號藍星[7]
出走，不是為了傾聽

路痕詩集

你雖採取
火的語言 16
我只聽見
水
的
回
想 17

註：

1第一次接觸的「詩句」，作者是個原住民國中生。
2渡也的名詩，也是一本情詩集。
3陳義芝的情詩。
4王添源的情詩。
5忘了作者，也是一首情詩。
6沙穗的情詩。
7我的第一首詩是在藍星二十五號發表的。

路痕詩集

8 菲華詩人和權的成名作。

9 來自非馬的詩句。

10 向明的詩作。

11 幾位詩人都寫過這詩題。

12 余光中的一首詩，那時我十八歲，在嘉女禮堂聽他演講。

13 余光中的一本詩集。

14 洛夫的一本詩集。

15 來自瘂弦名句。

16 杜十三的一本詩集。

17 向明的一本詩集。

路痕作品

時空之殤
◎陸恆 著
如果過去只有一個，
那麼馬致遠的時空旅行實驗，
為什麼會回到醫院手術室內自己的屍體中……

陸恆科幻小說系列之六

詩評詩論

晦澀的詩如果能解開其中的玄機也有驚喜的快感（沒有人會爲看不懂而去讀詩）；明朗的詩如果能撼動心弦，自有它傲人的成就（不會有人浪費時間去猛灌白開水）。是不是一首好詩，純粹是一種主觀的認定。

一首啟開詩門的歌

〈歌〉

風影

南方來的牧人
飲陽光而生的歌者
一隻羊啊一群牛

跨越時空遂成永恆
沙狂草黃塞外蒙塵
（一隻羊啊一群牛）

北方沒有溫暖，但你來
牧人　你來
（一隻羊啊一群牛）

流浪過每一方土地
陽光竟已根植你眸
（一隻羊啊一群牛）

只要你輕輕凝視

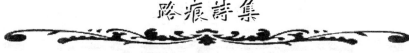

一切皆有光亮　牧人
（一隻羊啊一群牛）
你歌、你處的地方就是陽光
我跟著你唱，在北方
（一隻羊啊一群牛）

平心而論，這並不是一首很出色的詩。與其說它是一首詩，毋寧說它是一首歌來得恰當，而且是一首不折不扣的情歌。如果我告訴你，作者是一個十四歲的鄒族小姑娘，你是否覺得詫異呢？

是的，這是民國六十九年的事了。她是住在斜對面巷子內的國中二年級小孩，整整一本筆記簿，寫滿了像這樣的詩。由於妹妹的關係，這本私房詩集到了我手上，當時我十七歲，不懂得甚麼是現代詩。現在連她的名字也不記得了，可是這首詩是一把鑰匙，爲我打開了詩之門！就連當時取的筆名「露痕」也是深深受她的筆名「風影」影響。

是的，是她把我帶到詩的世界，一隻羊啊一群牛，我成了其中的一隻。如今已過了二十二年，她仍是我詩精神的前導。一次我整理舊物，從班刊上又找到了這首詩（我是班刊的主編），真是如獲至寶。現在細細咀嚼，別有一番風味。

一隻羊啊一群牛，我不明白她爲何爲誰而寫，也不明白爲何牛有一群，羊卻只有一隻？但是第一次接觸「飲陽光而生的歌者」、「陽光竟已根植你眸」這樣的句子，才知道陽光可以「飲」、能「根植」在眸中。「只要你輕輕凝視，一切皆有光亮」，「你歌、你處的地方就是陽光」，多麼真情的告白！也許她就是那傾慕、跟從他的「唯一」的一隻羊。宗教的洗禮，使她不知不覺的運用牛羊與牧者的比喻，雖然「一隻羊啊一群牛」重複次數太多而有些呆板累贅（括號爲筆者所加），卻也加重了牛羊在全詩中的份量，形成歌吟複沓的節奏。以一個國二的女生而言，能寫出這樣的詩，已非常難能可貴的了。

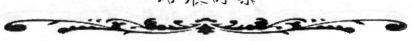

感謝這一段詩緣，「風影」如今果如其名消聲匿跡（也許從來不曾在詩刊上出現過）。我在經歷過一段「爲賦新辭強說愁」的「露痕」階段，也把雨去掉，改成「路痕」。詩路上踽踽了二十二年，留下了一段不算短的足印。如果這些足印有一兩隻不曾掩滅，都要感謝那年在我這頭牛前引導的這隻羊（想必已經羊仔成群了吧？），那年少時虛無的風影，直至此刻，在我的心靈中是那麼真實！

一首詩的寧靜氛圍

近幾個月一首新詩的剪報一直壓在我辦公桌的玻璃下，每每收拾案頭時，總會不經意在心裡念一遍。奇怪的是，先前沒有的感覺，如今卻愈有味。使我想到了一些問題：那就是關於「詩的氛圍」、「價值」與「所有權」。

其實，除非是一首劣詩。不然，每一首詩都應該各有其氛圍。說穿了，就是這首詩所營造出來的氣氛。詩的氛圍比如大自然的天氣一般，風和日麗和悽風冷雨畢竟有天壤的差異。但是，如果像隱藏在眼淚底下的欣慰或笑容底下的陰狠，就不是詩文字易於掌握的事。有一句話說「畫虎不成反類犬」用來形容文字表達的程度錯失頗爲適切。

詩的氛圍與詩人的性情風格有關。詩人在寫作當時，所要傳達（或逸露）的情境，透過文字的訊息，在讀者的認知下營造出一種氣氛，進而影響讀者的情緒來敲響心靈的鴻鐘，便是詩的氛圍。氛圍的經營對「主情」詩作格外重要。相對於「主知」詩作，作者更須著力於氣氛的營造。如何在最短的字裡行間，將讀者引入相當的情境，端看兩造間擁有的共同經驗和作者的文字技巧。

譬如瘂弦先生的詩作〈坤伶〉。一個不理解「玉堂春」戲碼、不懂「佳木斯白俄軍官」時代背景的的讀者，也許無法順利進入詩的情境而與作者產生「代溝」，形成「經驗上的隔離」，這對作者和讀者來說都是非常可惜的事。

詩表面與底下的意涵，往往是一首詩價值判斷的重要根據，也是「白開水」與「晦澀」的關鍵。當然這與讀者對詩之解讀能力習習相關。也就是詩人和讀詩人「共同經驗」、「類似體驗」、「想像力」、「學識」、「涵養」的交集程度，我們姑且稱之爲「靈犀」吧。「靈犀」不夠，對讀者而言，無法完全觸及詩的內在，當然降低了對詩的評價；但也有「意外的收穫」，那就是讀者在「交集」之外的特殊「經驗或感動」、甚至「誤解」被引出，這種情形下反而提升了詩本身更大的價值。詩的魅力與困難點即在此。詩人在寫一首詩時是完全「自私」的，詩成之後卻必須面對差異性極大的讀者（或論者）的批判。

我覺得詩人應該徹底割斷「詩作的臍帶」。

詩對詩人的回饋在詩作成立的當時已經完成（除非把詩當做達成某種目的的工具），好比孩子長大成人，雖然還是你的孩子，但他有自己的人格作風、別人對他不同的觀感、評價。每一首詩都有它自己的名字，這名字也許是你取的，但絕對不屬於你專有。詩人賦予詩作生命，但無權也無須將之據爲己有，否則便不必將之公諸於世。因爲你希望孩子成材成器，便應該讓他發揮最大的價值，去感動更多的讀者。不懂得尊重自己的孩子，孩子不可能擁有健全的人格；不懂得尊重自己的詩作，作品亦不會有完美的靈魂。

壓在桌墊下的詩，題目叫「寧靜」。一九九二年刊於菲律賓萬象詩刊，是華南師範大學莫宏偉先生的作品，隨著我歸國的行囊來到了我的桌上，就請一起來體會作者詩中的「寧靜氛圍」吧：

寧靜

鐵翅錚錚
鷹擦拭過秋空
時間在淡墨山水裡
放慢了節奏

一河的水蓄了
許多心事
總等到雨下時才說穿
習慣了獨自散步
有時與孩子們走在一起
那僅是一種願望

厭倦塵囂
我在一個村子裡隱居多年
那裡花香草茂
常走一條幽僻的小徑

一首詩的風格

詩的風格，一如人的品格。

從許許多多不同內容的詩中，能異中求同。那是屬於個人寫作特性或習慣的部份，他人難於摹仿的，而且自成一家體範，我們稱之曰風格。

風格之所以難於摹仿，誠如雕像再如何逼真，總難達成真人的完美一般。不只外表的細緻程度（膚色、毛髮、皺紋、肌理、表情），更難的是內在的臟器骨架與抽象的思想品行。

人之變方來自複雜的成長環境，作品之風格則與人的變方習習相關。由於屬於絕對個人化的特質、教育背景、文化內涵、藝術水準、性情乃至語言習慣都不相同，所以表現在作品的符徵也大異其趣。

風格之建立，不是一朝一夕的事。有的詩人寫了一輩子的詩，也無法明確的指出其風格。蓋因其隨波逐流，沒有自家的品格內涵（有風而無格）。有的詩人風格多變，隨著不同年齡、不同體驗、甚或大環境的變動而有不同的面貌呈現，也不能說他沒有自己的風格。

差不多大部份的詩人在某段時期或某些題材都會受到別人或整體文化環境風格的影響而不自知。最明顯的是早期詩作對心儀詩作出於有意或無意的模仿。這種先入爲主的影響，若非經過更多閱讀體驗來沖淡或更大的感動來覆蓋，可能成爲將來風格形成的阻礙或基礎。是阻礙或基礎？端看詩人本身對詩的消化能力和「轉換功率」，如果往後的作品都帶著他人的氣味，那又有何風格可言？

一個詩人也可能同時具備多種風格，就像有些人具備多重人格一般。由於詩在表現手法上具有無限的可能，基於不同的形式（或內容）需要，呈現出不同風格是無可厚非的。但此處所說的風格絕不等同於詩作的形式或意涵，而是作者

在針對某類詩作時所表現出的另類特有風範，這種風範存在於詩作中應是有跡可循的。

眾多相近風格的作品發表便能形成一種趨勢，甚至單一風格的影響力亦有可能造成流行，當然傳播媒體在其中佔著極大的影響力。這種現象對推廣詩人口或許有正面意義，但對於詩的原創性而言，卻是很大的殺傷！如果讀者不能擴大閱讀的層面與理解的深度，極可能成爲曇花一現的短線出入者；或者因誤解（偏食）而造成畸型（營養失調）、缺乏獨立人格的詩創作。詩之可貴，不亦在其多變、百花競放的熱鬧景象。如果MUSE的花園中有朝一日只賸下單一品種單一顏色的花卉，那麼寫詩讀詩還有何樂趣可言？

千萬別掉進自己的漩渦

創作，本來就是很「自我」的事。所以，創作者都竭盡所能的去追求自己的理想，闡釋自己的理念，解放自我的能量。這種個人的體驗、學識、特質以他人能接受的方式傳遞開來，就是一種創作的媚力與風格，爲人所稱道認可，甚者競相模仿，形成風潮。

但是，過度的「自我膨脹」或長期呆滯的「自我表現」，適足以成爲創作的框框，讓自己走進心靈的死胡同，掉進可怕的自毀漩渦，進而大幅削減作品價值、提前結束自己的創作生命。

在這個層面上，有幾種現象：一是作品「個性的僵化」；一是創作「形式的僵化」；一是作者「心態的僵化」。

個性的僵化，其實並無過咎，人自呱呱墜地便在不斷地累積養成屬於個人的習慣與個性。但是「作品個性的僵化」，在藝術追求真善美的宗旨下，卻是不被包容的。因爲呆滯死板是藝術的毒藥，所有作品被塗以相同的顏色、釋放相同的氣味，便失去了耐久性，在藝術的大花園，充其量只不過是一朵乍現的曇花、或被遺棄的塑膠花。

形式的僵化，並不是指諸如特定的材料、格式、押韻等遊戲規則的限制，而是指作者對於作品創作符徵及表現手法上的梓梏。形式會僵化通常與個人的所學、所能、所感脫不了干係。經驗的累積本是有助於創作，但對於無能的創作者而言，猶如缺乏酵素的攝食，徒增消化的負擔，甚至堵塞創作表現的活路。最常見的現象是語言、語法及「象」的僵化，這在某些創作經年的重量級作者的作品中尤易被發現：語彙不足的窘境、千篇一律的語法所在多是，這一點反被敢於嘗試、追求變化的新新世代作者，遠遠拋在身後。

較諸前述兩者，心態的僵化無疑創作者的窮途末路。創作的本身只存在著「作品」與「作者」兩個主體元素別此無它。創作的行爲只在「當下」，沒有「未來」或「過去」的線性存在，如果作者失卻對作品唯美（或唯善、唯真）的精神追求，使創作成爲其它目的或習性的附傭，那便是創作心態的僵化。在放棄對作品忠貞的情形下，即使技藝高超，所製作出的成品也不過是一種賣弄罷了。一旦失卻「製作」的誘因，藝術生命就此了結。在此特別要提出的是：「名」、「利」往往是一些「大師級」作家，心態僵化的主因，當創作動機不再單純，也就是作品水平開始下滑的時候。

但願提筆寫詩的同好們，千萬別掉進自己的漩渦。

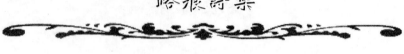

信仰與迷戀、自信與膨脹

愛默生（R.W. EMERSON）曾經很幽默的說過：「每個人都以爲自己站在這世界的頂端，這是由地球的形狀造成的錯覺。」（It is an amiable illusion, which the shape ofour plantet prompts, that every man is at the top of the world.）當然，把自大歸咎於地球，實在是一大諷刺。不過，在我們詩壇，以爲自己是一個偉大的「星球」，作品足以照耀整個詩世界的詩人，卻也是大有人在。聽人說：「過份的謙虛是虛僞！」虛僞的人惹人厭，這倒是事實。不過，經常把「偉大」用來形容自己的作品，把「真理」當成自家的「傢俬」，可能較接近傳教士。在文壇「傳教」推銷「自我」，恐怕也不是件受歡迎的事。

「文人相輕」畢竟多過「相濡以沫」。道理很簡單，得意的人佔據發言權，壟斷發表管道，這是現實。相濡以沫的，是些見不著天日，連龍套都沒份的「小輩」。等「沫」吐盡了，也就從詩角落消失，頂多變成魚乾木乃伊，絲毫不影響詩壇詩史的「正常」運作。

寫詩的人都以爲自己和李白、杜甫、屈原是「同類」，卻少有人認真去計較寫出來的東西見不見得人。拿別人給的臉皮到處炫耀張揚，忘記了自己真正的斤兩。

把詩當一種宗教去「信仰」也沒啥大不了，認自己當「教主」就有點說不過去了，更何況強迫別人信自己的教、讀自己的「經」，跟自己在門裡門外、上上下下、去去來來、暈漩亂轉，有甚麼意義呢？

登高必自卑，行遠必自邇。這是成就的基本道理。如果爬上一定的高度便忘了腳下頭上，難免要跌跤。萬一一跌跌到萬丈深淵，從頭再來可就難了。當小輩也有好處，可以站在戲台下看笑話、盡情吆喝，其中妙處勝讀「儒林外史」、「聊災誌議」，反正又不用買門票，閒著也是閒著。

懂與不懂

新近閱讀詩刊，在一篇文章讀到關於現代詩懂與不懂的問題。一位我非常仰慕的詩人提到：「有時候，好詩就是看不懂的詩。…是尼采說的。…像艾略特的詩已經不只是寫作，它已超越了文字，像是人與神的對話，這個神的擴大解釋就是整個宇宙，這和人間的詩是不同的。也許我們可以看懂每一個句子，但是背後的境界卻都抓不住。另外一種詩，就是我們看到的古典詩或抒情詩，大家都能理解、都能感動，卻不見得就是好詩。」大師的見解果然獨到，使我想到另一位以宗教狂熱來寫作、構見理論的大詩人，同樣有著對詩境界的超水準理解。在同篇的文章中，另一位儒雅的詩人說：「詩的欣賞就是詩的感覺，不需要像作學問一樣全知全解，寫詩，半知半解就行了。」

前述的文字某些部份於我心有戚戚，不過這樣的說辭對剛接觸現代詩的人恐怕有釐清的必要。想這也是近年來詩壇，晦澀與白開水之爭的主要原因之一，那就是有關現代詩「懂與不懂」的問題。

我們來看看尼采怎麼說：

「作家寫東西時，不只是要人瞭解，同時更要讓人無法瞭解。一本書的目的就是要人百思不得其解——也許這就是作者的真正意圖——作者並不期望他的作品含意，簡單到不用大腦就能理解。一個高貴的靈魂，總是要審慎地選擇對象來傳達它的理想，同時

也樹立藩籬以隔絕『其他的人』。」（知識．381 節）

我不知道詩人拮取的是不是這段文意，不過尼采的所謂「要讓人無法瞭解」或「百思不得其解」，其目的似乎是提高文章（詩）的深度，引導讀者做更深度的思考，最終的目的即「要審慎地選擇對象來傳達它的理想，同時也樹立藩籬以隔絕『其他的人』。」如果斷章取義，引用尼采的話來證明「有時候，好詩就是看不懂的詩。…」恐怕尼采會站起來跳腳說：「那你為什麼不自焚來獲得新生呢？」（查拉Ｉ．創造者之路：你應該隨時準備自焚於自己的烈燄中。倘若你不先化為灰燼，如何能獲得新生呢？）

艾略特的詩，尤其最著名的「荒原」廣博偉瀚、引經據史，的確是一項令人折服的詩工程，他的精神超越了文字，像是人與神的對話。但是說他的詩「與人間的詩不同」那就有待商榷了。文字是一種用來溝通或表達的符號，一切的表達莫不是爲了給「人」看，即使是古代對天、地、鬼神的祭文也不能自外於因人而爲。如果艾略特的詩偉大到「人間」之外，那也不必用文字來寫詩，更不用許多「知心」的人類來爲他附議了。文字背後的境界抓不抓得住，我想是作者本身與讀者基本上的差距，誠如另一位詩人所說：「詩的欣賞就是詩的感覺，不需要像作學問一樣全知全解，寫詩，半知半解就行了。」也許，連艾略特都不能清楚知道，自己的詩作究竟高到何種境界呢！

「古典詩或抒情詩，大家都能理解、都能感動，卻不見得就是好詩。」這句話我也不敢苟同，雖然我對古典或抒情的詩作沒有偏好，但如果一首詩能讓您感動，卻不能稱爲好詩，那是怎麼回事？也許你說它的技巧不成熟、藝術程度水準不夠，那卻都是主觀的標準認定。管管的語法古怪，卻受到肯定；自動語言莫明其妙，卻似乎言之有物。如果這首詩真的令您感動，爲什麼它卻不見得就是好詩？除非它根本不是一首「詩」或者你對好詩的標準太高。果真這樣，你也不必爲它感動了。

當然，我瞭解詩人並無誤導聽者的用意，我也無意冒犯敬仰的詩人。懂與不懂，因人因詩甚至因時因地因事而異。到底要用「定性」或「定量」法來測量，沒有一個正確的答案。晦澀的詩如果能解開其中的玄機也有驚喜的快感（沒有人會爲看不懂而去讀詩），明朗的詩如果能撼動心弦，自有它傲人的成就（不會有人浪費時間去猛灌白開水）。是不是一首好詩，純粹是一種主觀的認定。誠如我這篇臭文章，如果不幸刊出，說不定大師們會氣得吹鬍子瞪眼睛大叫：「以小人之心度君子之腹！」因爲我明知道，那是在某大學的現代詩座談會上，爲了吸引有興趣寫詩讀詩的學生們而說的講辭，根本不能當一回事。可是，想起雨果的一句話：「增加書本的讀者，就是增進書本的價值。」爲了使現代詩更有價值，我也無怨無悔的去當一個度君子之腹的小人了。

一顆未爆彈

——舉一組禪詩爲例

在某些方面而言，一首詩用一顆未爆彈來比喻，實在非常貼切。當然，稱之爲未爆彈並非召告天下，其已失去爆炸的本領。意思是說：它可爆可不爆。什麼時候爆？殺傷力如何？對著啥子傢伙爆？都要看情況。不過，至少它必須是一顆炸彈，具有火藥、爆裂物、引爆功能…不能是一個開玩笑的玩具假道具、或層層包裹裝箱，外面又貼著一張唬人的字條，存心戲弄人的詐彈。

如果這真是一顆未爆彈，它未爆的原因有很多。比如時間未到；保險未打開；位置角度失誤；內容物不起反應；對象不對；製造不良等等……。

詩真的常常是一顆未爆彈！因爲它不爆的機率非常高。製造的品質暫且不談，它的種類、威力、有效人事時地物等都在未定之數。而且，它可以重複引爆，對不同的人有不同的震撼程度。（即使在同一現場）

這樣說起來實在令人迷糊，姑且引一組禪詩爲例，讀者先讀一遍，看看有沒有被「炸傷」（或棒喝），然後再點引線（或拆炸彈），您就懂我的意思了。

〈剪刀〉

上下兩條臍帶
被寺門剪斷
至於六根青絲
老早就已凋殘

〈石頭〉

懷疑為何那麼堅硬
一顆種籽
把石頭掰成兩半
石頭還是石頭

〈布〉

沒有顏色
沒有款式
沒有廠牌
沒有穿

【引線】

—上面的臍帶連著父母，下面的臍帶連著子女
—不剪斷臍帶如何遁入空門？
—所謂六根不淨，三千煩惱絲
—凡塵的種種漸去漸遠
—種籽發芽在石上，終究把石頭掰成兩半。
—你以爲有深義嗎？
—所謂見山還是山，石頭？還是石頭！
—別誤會，可不是在損你。
—先想想粗布僧服…
—心經有曰：色不異空，空不異色
—色即是空，空即是色
—是諸法空相，不是你…
—沒有穿。

路痕詩集

〈拜師〉
剛咬破繭的蠶　——拜啥子師？既破了自縛的繭
又鑽進　——又去穿別人蛻的皮
蟬的空殼　——甚麼叫「無所住而生其心」？

〈禪七〉
妖魔　——七天就能禪定？
計劃著七天大公演　——真是這樣也不必來了！所以
在身心的道場　——好好迎接一場心魔的「秀」吧。

〈戒疤〉
和尚無髮進賭坊　——賭坊所以爲賭坊乃因無「法」進駐
黑暗的角落都被照亮　——和尚既已進駐，頭上的戒疤當不會
難無我覓托福　——被看成骰子的點數才是
骰子搖頭晃腦　——搖頭晃腦無非爲了普渡眾生

〈空〉
讀完般若波羅蜜多心經三千遍　——肚子空了，法喜卻充滿
居士向太太喊道　——還是一個不打高空實實在在的
我肚子餓了　——肉身行者

路痕詩集

〈問訊〉

問佛祖好不好——佛祖：撚花一笑

問師父好不好——師父：「要你多事！」

問經書好不好——經書：

問自己好不好——這就對了！

上面這組詩總題「蟬噪八題」，把它比做炸彈實在有點不像話。不過它未爆的現象卻也是事實，我個人把它視爲難得的短詩佳作，可有的人卻具有免疫力，一點都毫髮無傷，而且不痛不癢呢。

試析陶文瑜詩作——

「水墨小品四幀」

之一

將星光和月光
分解開
只有一個方法
——去聽雨點兒
落進水裡的聲音

之二

兩片竹葉
湊成一張鳥嘴
對著青青竹葉

練習吹簫

之三
梅花
自蛹裡拱出
飛成繽紛的
蝴蝶

之四
淡墨潑出的是水
更淡的是風
水流在水中
風吹著風

——取材自四川《星星》詩刊

「水墨小品四幀」是江蘇詩人陶文瑜的作品，發表在四川《星星》詩刊一九九〇年十二月號。

之所以選這題詩賞析，並非與作者熟識或有其它因由，相反地，我和作者素昧平生，只是一個衝動引發我評詩的動機：這四首小品在整個該期詩集中，宛若一清流湧現，又似萬紫千紅中的一朵小茉莉，令人愛不釋手！對於整個歌詠式大陸詩風而言，更顯得平凡中出奇，一脫既有的空乏與濫情，彌足珍貴。再者台港及海外對大陸內地的詩人及詩作評介並不多，遂不翦學淺，試評此詩，以盡拋引之寸心爾。

概觀此題組詩有以下特點：

一、每幀詩只四、五行，典型簡練小品，對初習現代詩之讀者，有易讀易記，賞析方便之利。

二、四題小詩雖短，卻具有濃厚的詩質，語法統一，包羅聲色、動靜，殊爲難得。

三、作者功力深厚，造句凝練且精簡，入淺白而出乾坤，另有一番新象供探索與賞析。

四、詩中有畫，畫中有詩，不唯是首清麗小品，更可從詩中去體會傳統國畫的技法及精神。

路痕詩集

讓我們先來看第一首：開頭一句「將星光和月光／分解開／只有一個方法」。語法雖無奇，卻帶起了一種疑惑在讀者內心——作者提出一個匪夷所思的難題，勾起好奇心，又復給你一個指引，（竟然有一種能將星光，和月光分解開的方法？怪哉！）你我不得不半信半疑地跟者探究下去……「——去聽雨點兒／落進水中的聲音」。乍看這個答案，還是撲朔迷離，可是，如果細細咀嚼之後，另有一番意義，空間非常寬廣。何以故？請讀者用心想——星、月、雨滴和水之間的微妙關聯：

那微小且閃爍的星光在月夜下〈尤其是明朗的月夜下〉是無法與月光分辨開的。就好似那小雨滴滴進了水中一般，和水剎那間相融溶。因此，詩人想呈遞的「答案」，事實上只是一種「類比」的感受！星光對月光正如小雨滴對一片水澤的關係，只能用「心」去分辨，用「情」去感受，如此自能引發一種詩思。

這首小詩不僅意勝，更可貴的，在其中的「音」、「色」，月夜當是靜謐的，星、月皆無語，然則這「無語」也是一種「聲音」，不然，何以常有人傾耳聽「月訴星語」？這是一種「視覺音」——用心才能聽。想得更遠些，星月其下，也許「風聲」、「蟲唧」、「蛙鳴」、「花語」也都近在咫尺呢！更何況是「雨後」（大珠小珠落玉盤的聲音）、「水中」（魚戲蓮葉東、魚戲蓮葉西、魚戲蓮葉南、魚戲蓮葉北…）。

再者，星、月、雨、水在在互相對比出了明暗，黑白的顏色，想想月光照映下的水珠，星光輝映下的水波，這不單是一種死的呆滯的黑白色，且是跳動著的，活的對比色。

冥思至此，一幅有聲的星月圖已躍然心上，如果您是個具慧眼的有心人，必不會反對筆者誇張的透視才是。順便一提：如果把這首小詩的「水中」，置換成「井中」，當又另有一番意趣可供細細品味了。

看過了第一首，第二首應更能心領神會：

第二首詩將前面的「意會」轉而為「形繪」。任何人都能想像「兩片竹葉/湊成一張鳥嘴」的模樣，可是詩人可貴之處，在「原創性」在「敏思」。聽到鳥叫卻看不見鳥，好似竹葉都「湊」成了鳥嘴，喧嘩了起來…給人一種輕鬆與愉快的感覺。其實「竹」本身就具備「聲」的特質，只是這兩片「竹葉」卻對著「竹竿」〈簫〉學著發聲。如果這「鳥嘴」叫出的不是清脆的鳥鳴，又會是什麼呢？當然是風！只有風聲才像簫音，才能以「學」來描述。所以，細細品味之後，又有一種「強說愁」的意趣躍然紙上。喜歡怎麼想，就怎麼想，也許您有另一種說法，也對！那就是詩的彈性空間，空間是個人的，是自由的！

「梅花/自蛹裡拱出/，飛成繽紛的/蝴蝶」

且讓我們以國畫的角度，賞析這首詩：

畫梅，不單是全開的梅，而有含苞者、藏萼者、半綻者、凋殘者。不同程度的綻放與不同角度的觀點並有「正點」、「側寫」、「仰披」、「俯臨」之迴異，而梅瓣之吐綻過程，又如蝶之羽化過程，（此一意喻實為神來之筆！）先是「原蛹」、「初破」「乍現」而後

「展翼」、「振翅」之後「凋飛」如蝶舞。這幅景象，又冬〈梅花〉、又春〈蝴蝶〉，雖春〈蝶舞〉、且冬〈花落〉，令人感歎稱奇！

古人將花以蝶喻或蝶以襯花者，所在多是，卻少有人想到以蝶之破蛹、展翅、飛舞、來形容花，更少有將蝶與梅並置者（蝶的生活史與梅之冬盡春初錯開），概許因梅性而不屈，蝶性暖而豔舞；梅高傲、蝶爛漫所致吧？

最後來一幅潑墨作：

「淡墨潑出的是水／更淡的是風／水流在水中／風吹著風」

一幅潑墨山水，不管是李思訓的青綠山水（北宗派）；或是王維的破墨南宗畫法，畫水時用很少量的墨，引大量的水，大筆潑墨刷出，藉由水之自然渲染與流勢而成的水澤最傳神！等水陰乾後，引淡墨幾筆成風。是故寫道：「淡墨潑出的是水，更淡的是風。」然作者又運用其專長句法，平凡中出奇制勝：「水流在水中（國畫中的水）／風吹著風（國畫中的風）」。不避重複，重複用詞卻反而突顯其特別意旨，實在高超！

讀這首小詩不由得令人連想到「見山又是山，見水又是水」的禪境，頗具哲思。縱觀四幀小品，雖只三言兩語，言簡意駭，卻把大至星、月、澤、風、小至雨、花、蛹、蝶並蓄兼容，且又各自描繪不同的興緻、畫意，非常難得，又全組詩無一艱澀硬字，沒有任何閱讀上的障礙，卻能激發無限寬廣的聯想，平心而論，謂之佳妙精品，實不爲過，您覺得呢？（本文作於一九九二年馬尼拉，時作者在菲留學。）

【附錄】

拽著生活入詩

——解讀路痕(戀鍊風塵、路痕詩集)

林野

「菲華詩人的作品幾乎出手有一共同的傾向，風格簡潔凝煉，詩思民族抒情。」詩人向明在序言中這麼說的時候，我曾十分不解。直到把路痕先生的詩集讀完，才知道原來是詩人一直活躍在菲華詩壇的緣故。

其實，我對詩人路痕先生的作品並不陌生。早在九四年我就讀過他的一首刊於《葡萄園》夏季號的《爭辯》：「鄉村的鳥聲與鬧市車喧爭辯/誰住進了早晨/土司麵包與燒餅油條爭辯/誰佔據了胃腸/報紙與馬桶爭辯/誰得主人歡心。」當時我便被詩人詼諧的語言及強烈的生活氣息吸引了，也因此記住了那個美麗的名字。而今，當詩人把兩本詩集寄到我的面前，心裡又忍不住掀起強烈的閱讀慾。我曾在一篇文章中說過：有朋友記著是件幸福的事；有書讀則是一件美好的事情，而我最大的快樂就是閱讀中能有一次學習的機會。

「也只有一個字/那就是/你我的全部。」〈愛〉的最終詮釋就是這麼簡潔，沒有拖泥帶水，但〈心事〉就不會那麼簡單了：「原以為火化之後都歸平靜/那知曉/堆積在眼裡的/灰飛//更難理清。」剪不斷，理還亂，盤據在心靈深處的事情總是那麼難以割捨和清洗。

誠如詩人向明所言，詩人路痕的詩中也有著一種濃厚的民族情結。〈黃河〉是悲情的：「黃河的心/如熱鍋上的螞蟻/那岸母親的焦灼期盼/這岸遊子的忐忑神傷。」中華民族是同一根系的，詩人傷懷的卻是這種兩岸相對的情勢。大陸像母親，島就是遊子，所有的中國人都渴望看到這對母子的團聚，只有團聚才能成爲一個完整的家呀。

〈家書〉是美麗的，但卻有著無法投遞的無奈，詩人：「不知道家的地址/不記得父的名字/只好哭著在/信封的臉上/寫著大大的兩個字/中/國。」還什麼事能比這更爲悲涼？不記得父的名字、家的地址。唯一記著的是自己最沉重的籍貫呀！讀來讓你欲哭無淚。

路痕的詩歌除了民族情結之外，他最注重的當是生活的詩：「休說凡沾染污垢的/便要背負終身/莫道須燃燒放光的/才算奉獻自己/屬於水性的我/不也是出淤泥的一朵/蓮」〈香皂〉是家庭生活中最常見的，也是最常使用的，詩人以出淤泥而不染的蓮與之相擬，真讓人有活潑的美感，讀起來清新、淨然，像剛剛洗了一遍澡。〈筆〉是文房四寶之一「讓血液/流淌成文化/足跡/烙印成歷史//而軀體/穿梭成/心的箭/射向每一隻/智慧的眼。」筆因爲詩人的緣故有了靈性，成爲文化、智慧的象徵，成爲一支有思想的箭。言詞的簡潔，掩飾不了深刻的思考，順手捻來，輕鬆入詩，既顯示了詩人對待生活的認真態度，更展現了詩人細膩的表達方式，同時也體現了詩人在題材把握上的靈活性。

拽著生活入詩，詩的色彩將如生活一樣，千姿百態，五彩繽紛。詩人祝賀你，我忍不住要說，你的詩讓生活更爲美麗。

二〇〇〇年十二月二十二日改就

生活的詩
——《單音六節》讀後

王常新

1980年才開始現代詩創作的路痕，近兩年一口氣出版了三本詩集，真是一位才華橫溢的詩人。他能獲得大陸的第一屆艾青杯優秀作品獎和台灣的優秀青年詩人獎，正是實至名歸。

生活是詩的源泉，詩來自生活。路痕的可貴之處在於擅長從生活中發掘詩，他就像左拉所說的『百眼巨人』，就像羅丹所說的『在別人司空見慣的東西上能夠發現出美來』。我們從他的詩題，如〈床〉、〈電扇〉、〈吹風機〉、〈手套〉、〈奶嘴〉……，就可知道他的詩歌題材均來自平凡的生活，並沒有什麼奇特之處。這說明他是熱熱烈烈地在生活著，他的詩是『生活的詩』，寫的是個人的生活經驗。

但是生活經驗並不是詩，如果詩人把缺乏感受的生活寫出來，那是不能感人的。因爲那只是寫出了外表形式，是乾癟的、缺乏血肉的。路痕的詩，雖然寫的是平凡的生活，但是寫得有情趣，這正是由於他傾注了感情，有深切體驗的緣故。

在〈電扇〉一詩中，路痕吟道：『搖著頭／把一些自己都不相信的／風言風雨／灌滿燠熱的耳朵』。這是在寫電扇，但又不止於寫電扇，『風言風雨』，這是多麼獨特的聯想！這樣一寫，就把平凡變成了神奇，詩就有了寄託，就耐人尋味了。筆者讀到這裡，就想到了那些慣於搬弄是非的長舌婦，不禁莞爾。我想讀者大概都會與我有同感吧。〈電話〉一詩，『耳朵搗著別人的嘴／嘴巴咬著別人的耳』，也是叫人很容易聯想到那些竊竊私語者的傳神之筆。

詩要具有豐富的內涵才有深度，才能感人，〈鏡子〉就是這種的作品：『只有閉起眼睛／才能看到／不惹塵埃的／真相』。鏡子是反映形象的用具，但它只能反映出人的外表，並不能反映出人的心靈。所以，要認識一個人，必須『閉起眼睛』，用腦子來思考，這才能看到一個人的『真相』。這首詩就不只是寫出自己的感受，而是寫出了生活的哲理。

再如〈瓶花〉：

我的軀體一寸寸腐爛的時候
你只看見一臉的春風
因為簡陋與腐朽總是
被讚嘆與短視遺漏
苦痛與毀滅必然隱藏在

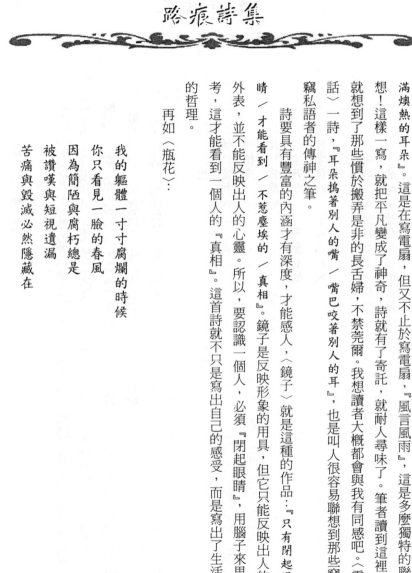

路痕詩集

歡笑與沉默之中

瓶花是無根之花，生命力很短暫。當人們看見它一臉春風時，軀體正一寸寸地腐爛。眼光短淺的人看不到這一點，於是讚嘆不已。從這一現象，詩人昇華出生活的辯證法：美與醜同在，歡笑與苦痛同在，毀滅與生存同在。在這裡，我們看到路痕不只是在寫個人的經歷和感受，他還道出了生活中具有普遍意義的真理。

路痕的情詩也別出機杼，如〈筷子〉：

一出世
便註定相逢
一相逢
便註定廝守
凡坐凡臥　皆形影相隨
便拿便捏　皆心心相授
命定的沖洗搓揉我們一同渡過
人生的的苦辣甜酸我們併肩嚐盡

路痕詩集

若有桎梏
必來自同一只掌
若被焚身
也願同一把火
糾纏　繾綣
只為圓一個夢
連理的夢

筷子是我們中國人聰明的食具，吃中餐的人每天離不了它。但一般人都沒想到利用它來表現夫妻恩愛，是路痕獨具慧眼，發現了它有同鴛鴦鳥一樣的功用。我感到詩人把筷子真是寫「神」了：好像前生命定要成爲夫妻似的，一生下來就註定相逢，而相逢後就註定廝守一生。他們相親相愛，形影不離，心心相印。漫長的歲月，他們共享了幸福歡樂，同嚐了痛苦悲傷。就是死，他們也要死在一起。爲什麼糾纏、繾綣？『只為圓一個／連理的夢』。執著，熱烈的愛情，不是如文人雅士的吟風弄月，而是用普通的筷子來抒發，這是值得稱道的。這是因爲，路痕不是用任何人都可用的方式，而是用他自己獨有的方式在抒寫。

路痕以一個青年詩人，之所以能寫出獨具風格令人感動的許多詩，是由於他寫詩的目的是爲『真善美』，是由於他和讀者心連心，是由於他在用心用力地寫作。大家若看他的〈給讀友〉就會明白了：

我的字是你眼睛的
腳步
我的心是你情感的
地圖
我唱的歌注入你的耳朵
我擊的掌順應你的脈搏
我們在聲光的迷途中
讓理想與神經
繃結成
　詩
之
　弦
為激奮　為孤苦

路痕詩集

為悲憫　為呼喊
為真善美
且為了　無聲之聲音外之音
為填補時間以及空間的　空白
為你廣闊的聆聽
我用力地彈奏！

在這聲光迷途的時代，我願意聽到更多爲真善美而用力彈奏的樂聲。我高興聽到了路痕具備這種品格的彈奏。

詩路上的兄弟：路痕

章安君

我去年忽然又病了，以我的身體是萬萬不能病的，我一病，如王孫公子、貴妃娘娘得病，其花費之鉅，令人心中發毛。所以我每天都鍛鍊身體、打熬筋骨，自我腎移植手術十六年以來，幸無大病，如此太平境況不由得叫我三呼：阿彌陀佛⋯⋯。

但百密必有一疏，太平中隱含殺機，我去年到江西清朝大畫家八大山人墳墓「青雲譜」一遊，回來就感到不對勁了，得了嚴重貧血⋯難道八大筆下貧血的玄魚、怪鳥，也將失血症傳染給了我？但我確實病了，病得邪門，渾身一點不得勁，心跳如車輪一樣飛速，當地醫院難以診斷。「解鈴還需繫鈴人」，只好火速趕往以前手術的醫院——「上海第二軍醫大學」長征醫院救治。又一場大病襲來，坐在病床上如坐蒲團上也，每天參悟的是生生死死和巨額進口藥費該如何落實。其間幸虧台灣《葡萄園》主編台客恩師及詩友們的無私援助，其中詩人路痕的義舉，將使我永遠難忘⋯⋯。

路痕此時正失業在家，他的母親又得了肝癌之症，遭此雙重打擊，碰上誰都得够愴。去年正好是《葡萄園》創刊四十周年，他非常榮幸的得到一個最高獎「詩歌創作獎」，獎金有新台幣三千元。這筆錢雖多不多，說少不少，這對路痕來說也許剛好用在刀口上，但他聽說我的情況，夜不成眠，並揮筆寫下了一首詩〈致章安君〉。他將此詩稿寄給台客師的同時，並決定將這筆詩獎金全數捐贈給我。台客師已將這封信轉交給我，這將是

路痕詩集

我生命中最珍貴的一份收藏。在人生這列火車上，有時我們相逢不過是匆匆過客而已，而有時相識便可將性命相托，我相信路痕應是這樣的朋友和兄弟。

其實我和路痕兄的結識，更應感謝《葡萄園》的一片綠蔭，在《葡萄園》詩刊上，幾乎每期都能看到路痕的大作。路痕是勤奮的，他有着古代和氏一樣的韌勁，始終捧着一塊詩歌的靈璧而不肯放棄。他的詩少有花花草草、和淺斟低唱，他的作品不屬於瓷器精美的光影，而屬於青銅般內藏的冷峻。比如反映台灣九二一大地震的作品〈紅塵貴珠〉、〈走開吧〉、〈他們不懂〉，他以詩人的角度直陳百姓的傷痛，希望震災能震醒醉生夢死的人。還有他在《葡萄園》一百五十三期的詩〈失業〉也非常撼人心魄：「準時起床是一件多餘的事/妻兒出門/家變成偌大的監獄/裡面關著一頭/可疑的自尊/新聞引數字詮釋/你是沒用的百分之五/於是趕緊/洗衣拖地為了証明自己仍有價值/修東補西告訴自己大有用處…最苦的是/老婆說不出口的怨嗟/最痛的是/兒子又在天真的詢問/爸爸為什麼不必上班？」這幾年我的大哥、姐姐和姐夫相繼失業，他們的憂愁使我深有感觸。自古以來「悲歌慷慨」這一成語始終是和詩人相關連的。一個詩人不但要用一支洞簫吹奏花月，更緊要的是要學會使喚一把斧子，路痕是善於弄斧的，他能使用語言這把鋒利的斧子，劈開生活這根木頭的內心，從而直達傷痕和最原始的紋理。比如他已出版詩集裡的詩〈太平間筆記〉、〈妓女〉、〈乞丐〉、〈浪人〉、〈瘋女〉…等等，都是生活中鋒芒的體現。我認爲一個真正的詩人是不會爲生活矯情地歌唱的，一個真正的詩人更應對弱勢群體、知識者的心態、國運走向作深刻的關注，路痕的詩，更多的是讓我們能有這方面的體驗。

路痕一共出了三本詩集，另有幾本科幻讀物，他的勤奮令人敬佩。最近他又將出版一本詩集，他的新作會給喜愛他作品的人一個驚喜。路痕又是多才多藝的，他以前的專業是菲律賓亞當遜大學企業管理碩士，想必在企業管理有一套，但他在書法、篆刻、素描又有喜好和鑽研。我記得路痕在一封信中對我說：「生命不在於長短，而在於活得是否精彩。」我覺得路痕是活得精彩的。

二〇〇三年八月初寄自浙江開化

許多詩句通緝我（註）

——閱讀《餘光盅》的心得報告

台客

現居嘉義市的青壯詩人路痕，想出版第四本個人詩集，來信詢問我，是否可介紹較省錢的出版方式，很慚愧，雖然我主編《葡萄園》詩刊多年，但對國內各大出版社仍十分陌生，想來想去，最後只好把一位詩友電話中告訴我的祕方傳授給他……。

雖然說是「祕方」，但其實也不是什麼祕密，簡言之，就是要作者先把自己的作品用電腦打字、排版好，再拿給出版社直接印刷，聽說這樣可以省去對半的出書費。果然，路痕得到這個「祕方」後，立即和出版社老闆聯絡，並動手準備，忙碌了好幾個月，總算將詩集整理完成，即將付梓。他又來信告訴我，並希望我為他的這本書寫個序之類的。一則我也算「介紹人」，再則至今雖然僅和路痕在幾年前有匆促的一面之緣，但他長期在《葡萄園》投稿，他的這本集子裡的很多詩都曾發表在《葡》刊內，我早已拜讀，並十分欣賞。故若要為這本集子寫點讀後感之類是有的，但若說寫序，則愧不敢當。

《餘光盅》一書，共收作者近十年來的詩作百餘首，全書又分七輯，另有作者詩論及附錄。書後並附歷年詩發表記錄及寫作年表，可見得作者對這本詩集的用心與重視。

首先我們來看輯一「試說新語」。本輯中收錄有二十五個由三個相同字母組成的漢字的小詩，每一首都寫得十分生動、有趣。若非作者有心搜集，甚至很多字我們都不知有它的存在呢！此外，本輯中的〈茶〉，筆者也認為是一首意象經營十分成功的好詩。「蟬噪八題」組詩，頗有禪的味道，這首組詩作者在書後的論文中有擴充解說，就不用筆者再撓舌了。

輯二「芋仔寒薺」共收十五首詩作。大多是針對時政、社會事件，有感而發。如〈牧民〉之針對選舉、〈到底是誰的天空〉之針對鳥類飛翔及生存權、〈九八達邦勇士離鄉告白〉之針對弱勢原住民、〈在裡面〉之針對九二一大地震的一棟危樓、〈溪殤〉之針對曾經轟動一時的八掌溪事件、〈岸〉之針對台海兩岸的看法。這一輯絕大部份作品都寫得十分深入，十分成功。〈在裡面〉一首，早在三年前就已收入筆者所編九二一大地震詩選集《百年震撼》一書中。〈岸〉一首也被收入《葡》刊一五一期的兩岸情專輯中，而獲得很多詩友的賞識。

輯三「母親的畫像」，共收詩六首，分別是寫給父、母、兒子及朋友等。本輯中以寫給父親的〈父親〉及寫給母親的〈母親的畫像〉兩首較生動，寫給兒子的〈小小羅漢〉、寫給朋友的〈朋友〉尚可。至於最後兩首〈彩衣〉、〈童語〉，筆者認為寫得似嫌晦澀了些，且收入此輯，也顯得有些勉強。

輯四「美夢蚊鳴及其他」，共收詩二十首，大多是感時懷舊之作，筆者較欣賞其中的〈舊照感懷〉、〈有一種愛〉、〈星夜訴情〉、〈抒簡〉四首，這四首無論在詩的意象、意境經營及詩的形式表現等都較成功。其他幾首諸如〈坐在南方澳的海邊〉、〈維納斯〉、〈修正液〉等，雖然在詩中或許某些意象有傑出表現，但總令人感覺有句無篇，或者在詩的形式上表現等，仍有努力經營的空間。當然，這只是筆者閱讀過後，個人粗淺的看法。

輯五「想問你，詩人」，包括五首詩及一首組詩。五首詩分別是寫給詩人羅門、渡也、沙穗、紀小樣及彼岸詩人章安君。這五首詩除了給紀小樣的〈僞飾〉一首筆力較弱外，其餘四首都寫得十分成功，尤以〈致章安君〉一首。這首詩是詩人在《葡萄園》詩刊上讀到換腎詩人章安君二度病危在上海軍醫院病床上所寫的詩作後，有感之作。詩中詩人融入充滿同理心的感情，字字句句寫來，撼人心弦。也由於這首詩，兩岸牽起了一線詩緣，如今他們兩人成了好朋友，經常互通有無。另一組詩「詩泳六式」，也寫得生動有趣，令人莞爾。

輯六「隱形的詩人」，共收詩十三首，大部份是詩人感時言志之作。這輯作品中大部份都在水準之上，少部份作品諸如〈自慰〉、〈食人〉，筆者認爲在用字遣詞及詩句詩節推敲上，尙有提昇空間。當然，這輯中的最後一首〈心靈三部曲〉，曾獲得《葡萄園》詩刊創刊四十週年的詩創作奬，讀者可以仔細品賞。

輯七「輸送帶」，收詩十首，大部份是寫景詠物之作。其中〈足球〉、〈威而剛〉、〈輸送帶〉、〈奮起湖兩題〉等，都寫得十分出色。〈足球〉一詩中「在腳的森林中／裸奔的一蕩婦」「被胸過／被膝過／被肩過」詩句創新、幽默令人稱奇。

總之，以寫科幻小說爲主業（至二〇〇二年爲止，路痕已完成了十一本科幻小說），以寫詩爲副業的路痕老弟，即將出版他人生中最重要的第四本個人詩集，做爲好友的筆者，再忙也要撥出時間，爲這本書說幾句話。只是如今大環境景氣不佳，新詩除了少有人青睞外，詩集更是賣不出去。我暗暗祈禱寫科幻小說的陸恆，作品大賣，以補貼詩人的路痕出版的這本詩集。當然也期望詩友們在這本書出版後，多予購閱，給詩一個鼓勵！

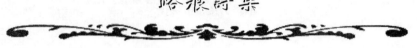

二〇〇三年七月廿九日完稿

〈註〉：路痕牢騷詩中的詩句

讀路痕詩有感

顏艾琳

詩人寫詩猶如釀酒、飲酒，酸甜苦辣自己添加微妙的成分，之後再自行斟酒，或也廣邀品酒之人一同酩酒，試試酒香酒氣何如也？

孤單，顯然是最佳的場所／用來釀酒／當然少不了靈感當酒花／把心事好好醱酵

……這盅空虛的杯外／除了眾荷喧嘩／乃盛滿了／夕陽的／光華——（餘光盅）

怎麼說呢？一個默默寫詩甚久的詩人，釀出了寂寞的況味，卻不失自信的豪氣。我不認識他，卻欣賞這種隱谷幽蘭，孤芳自賞的姿態。因爲路痕的詩雖不在媒體上常發表，甚且教人感到陌生，但他的詩存在已久，是被密封的罈酒、是不易見到的花種。

經過二十多年的深藏或隱居，該是讓人細細品嚐、好好端詳的時刻了。

路痕的創作之路就跟他的人生地圖一樣，充滿曲折跟崎異；明明是台灣詩人在異地求學幾年，想不到卻被歸類到菲華詩人，台灣詩界的評論鏡頭，也從未在此邊緣注意到他；因爲他又回到台灣來從事農業發展，並且寫了好幾部奇幻小說出版。

路痕詩集

當鏡頭對焦性別、女性、同志、網路等等亦作紀錄的同時，路痕的默默堅持，不求名利地創作自我聲音的軌道，在這眾聲喧嘩的新詩時代裡，他的聲音是值得更多人凝聽的。他的〈五行篇〉鏗鏘有力，是我覺得難能可貴的一組社會批判詩作：

> 一座輝煌的廟宇／三尊金身的佛像／生意經傳衍了五千年／仍未償盡多財的願望人們祇追求閃閃發光／無所謂如何救贖與解脫／「地底下多的是金子」／於是紛紛往墳裡頭鑽——〈五行篇之一〈鑫〉〉

人性之貪，最後貪的是什麼下場？生命可貴無價，卻總有人為錢財往死裡鑽，真是愚蠢。又讀其中之〈焱〉，開頭以一朵花的盛開隱喻整個宇宙的生命，對照結尾的渾然歸零，短短數句已教人驚心。我一時感覺到蘇紹連的驚心佈局，好像搬演到不同的文字舞台上。

這只是錯覺。路痕有自己的風格。

> 「是你想太多了／人怎可能有三個心？」／「老實招來，不然你怎能同時愛你父母、愛你孩子、愛我？——〈人體篇〈惢〉〉

路痕擅長以對白來闡述主題，也就是利用句子的內容來破題，一點也不囉唆。不像時下青年的寫詩者，往往在文句堆上一大堆知識性的改裝句子，卻無法把主旨點出來。詩不能是意象的迷宮，詩應該是文字的魔術幻覺，而這幻覺應該可以被人看到、感受到

路痕詩集

它好像存在著。寫詩的年輕人總以為文句的刁鑽，才足以見功力的高下。這種見樹不見林、頭重腳輕、只有文句不見篇章的寫詩手法，卻充斥在目前網路跟年輕一代中，他們應該來看看路痕的詩。

我真的不認識路痕本人，所以我沒必要幫他打廣告、寫一些肉麻兮兮的溢美之詞。我說的都是真心話；我只針對詩人的作品而道出我的感受。到現在，路痕對我跟絕大多數的寫詩人而言，他還是一罈密封的好酒、一朵藏身幽谷的蘭花。

路痕，請不要讓我們只看到你的行路痕跡，現出本尊吧！

二〇〇三年 八月三日　顏艾琳於三重家中

【後記】

正如我的筆名一樣，我的詩集，其實只是我的創作記錄。閱讀這本詩集，不必有太多的期望，只希望讀者能從字裡行間，得到絲毫共鳴，於願足矣！

早在一九九九年底，我就打算出一本詩集了，但是一延再延，直到三年後的今天，才決心把這段期間的作品完整呈現出來。本來是不打算在這本集子裡贅言的，因為想表達的，都已在詩裡。但是，一本詩集的出版，除了作者的心血，更包含了許多人的關懷，能不在這僅有的機會，聊表感激之情？

首先要謝謝提供發表園地的各大詩刊編輯們，其中尤以葡萄園詩刊的諸君子，對我更是愛護有加！謝謝台客兄對我的錯愛，不因我未加入葡萄園詩社，而拒我於門外，這種唯作品良窳是瞻的客觀態度，正是編輯人最高尚的情操。

我一向遠離台北詩壇，也少在詩圈子裡交遊，加上自已很少參加徵文比賽，沒有什麼名氣，所以幫我寫序的麥穗先生和讀後感的詩家們，他們的盛情真是令我銘感五內！如果沒有這些因詩而「愛屋及烏」的前輩和先進的熱心相助，這本詩集可能會更加寂寞……。

由於這本詩集在最後編排整理時，內容略有增加(共計一百三十一首詩)，所以其中序文或讀後感的引用資料篇數部分，略有出入。錯不在為文的方家而在作者，特此說明。

另外我要謝謝素昧平生的顏艾琳小姐，由於她的欣賞和鼓勵，使我在就要成為「詩的逃兵」之前，又被抓回了行伍之間……。謝謝我的朋友張雅惠小姐和同事蔡翠萍小姐，費心幫我打字和整理稿子。謝謝我的太太秀惠慷慨地允諾，讓我再一次自暴其短，成就了這樁「賠本生意」。

這本詩集出版之際，適逢七萬三千年來，火星最近地球的「大衝」，本來在城市中因光害而難以被察覺的火星，今年可是一反常態大放光芒，在夜空中當紅！真是痛快。

路痕

二〇〇三年八月三十一日於嘉義市

詩作詩論發表紀錄

題目	發表刊物	發表日期
荷	嘉農新聲	68.06.01
失眠	藍星25號 千島詩刊 小詩瑰寶（絲路出版社）	69.10.01 81.03.26 85.10
變天	藍星25號 千島詩刊 雲南大理文化87期	69.10.01 81.03.26 83.03
飲露	嘉農青年25期	71.05.31
你猜猜、向日葵、獵人、燈塔、地震	嘉農青年26期	71.11.30
掙扎、奈何、梅雨、感情	嘉農青年27期	72.06.01
岷市多	萬象詩刊	80.09.25
答橘子的話	聯合日報	80.09.28
香菸	聯合日報	80.11.27
食客	黃河春秋創刊號	80.12.10
短詩（忍、筆）	萬象詩刊	81.01.29
刺殼草	葡萄園113期	81.02.15
血的控訴	聯合日報	81.02.26
瘋女	千島詩刊	81.02.27
燈紅酒綠	世界論壇報 聯合日報	81.03.14 81.05.14
如何寫一首動人的詩	萬象詩刊	81.03.25
憑欄	千島詩刊 創世紀詩雜誌87期	81.04.01 81.01
點滴	秋水詩刊73期	81.04.01

泡麵	笠詩刊168期 聯合日報	81.04.10 81.05.14
痾、讀報與瞌睡	萬象詩刊	81.04.28
新滿江紅	聯合日報 葡萄園130期	81.05.14 85.夏季號
白髮吟	聯合日報 葡萄園詩刊131期	81.05.14 85.秋季號
馬尼拉灣、家書	聯合日報	81.05.14
馬尼拉灣落日	世界詩葉18期	81.06.02
乞丐	千島詩刊92期	81.06.24
雲	萬象詩刊	81.06.24
雷電	千島詩刊92期 笠186期	81.06.24 84.04.15
妓女、讀古詩、割下一塊被相思濡溼的夜	耕園	81.11.10
在異國讀報	萬象詩刊 上海浦江第一號	81.11.25 82.02
墓碑云	千島詩刊 開封黨建報 慈雲之光	81.12.25 81.12.10 82.02
獨眼龍	萬象詩刊75期	81.12.30
雕龍紀事	葡萄園詩刊冬季號116期	81.11.15
夜歌	萬象詩刊76期	82.01.27
領導者	世界論壇報	82.05.18
隨興兩帖——首詩的完成、投萬、發表、出版、給文藝界的朋友們	海鷗詩刊復刊四號	82.07
蠶思	萬象詩刊 上海浦江詩刊	82.09.29 83.01.08
被一個軀體追逐	萬象詩刊98期	92.12.29
血型與個性：A型、B型、O型、AB型	葡萄園詩刊117期	82.02.15
無題	葡萄園詩刊101期	83.01.26

河豚	笠詩刊179期	83.02
歲末情絲兩題一水仙、賀卡	萬象詩刊	83.03.30
最苦的時候不寫信	雲南大理文化87期	83.03
也應該	笠詩刊186期	84.04.15
愛	千島詩刊 雲南一大理文化87期	81.07.09 83.03
一首詩的完成、航、這不是一首詩	千島詩刊	81.07.23
愛情保險	千島詩刊	81.07.23
沒落的年代	大海洋四十期	81.07
天使之殤	萬象詩刊	81.08.26
中秋夜緒	創世紀詩刊中秋	81.10
月光曲	晨光文藝	81.09.20
動物園組詩一大猩猩、狒狒一家、大犀牛、長頸鹿、冠頂鶴、綿羊、野豬、游走的貓	海歐詩刊復刊二號	81.02
教堂、月夜	菲華文藝	81.09
蘋果的滋味、風箏	辛墾文藝	81.09.25
情詩	秋水詩刊81期 萬象詩刊	83.04 83.04.27
情詩兩帖一貝殼、心事	新世紀詩潮四期	83.06.05
比丘尼在鬧市街口佇立	新陸詩刊	83.06
床	聯合日報 笠詩刊189期	83.06 84.10.25
被一排新大樓遮去的落日	萬象詩刊	83.07.27
爭辯	葡萄園詩刊122期	83.05.15
足球賽	萬象詩刊	83.08.31
午夜深淵	萬象詩刊	83.09.28
心事、貝殼	新世紀詩潮四期	83.06.05
茶	大海洋45期	83.05.15
菸	北京一詩刊308期	84.01.10

為了	萬象詩刊	83.10.26
十年念情	秋水詩刊83期	83.10
思鄉病	葡萄園詩刊123期	83.08.15
單音六節—心事、男人、女人、枯葉、秋葉、鴿子	葡萄園詩刊124期	83.11.15
保齡球	萬象詩刊 葡萄園詩刊127期	83.12.28 84.08.15
生活的殘涎八題—電扇、鏡、燉鍋、刮鬍刀、鬧鐘、砧板、枕頭、電話	台灣詩學季刊第9期	83.12
雜詩二首—藍蝴蝶、筷子	成都星星詩刊1號	84
瑣物哲思—手套、唇膏、皮鞋、刮鬍刀	葡萄園詩刊125期	84.02.15
給讀友	聯合日報	84.03.29
化妝鏡閒話—吹風機、梳子、髮膠、髮卷、香水、假睫毛、腮紅、眼影	台灣詩學季刊第11期	84.06
詩	大海洋詩刊47期	84.07
瑣物哲思—瓶花、拐杖、時鐘	萬象詩刊 葡萄園詩刊128期	84.07.26 84.11.15
台灣小小調	笠詩刊184期	84
心之韻—詩、鏡、眸、淚、傷	葡萄園詩刊126期	84.05.15
凌晨四點三十分	萬象詩刊138期 笠詩刊192期 海歐詩刊復刊9號	84.08.30 85.04.15 85.06
詩戰場—詩壇、詩人、筆、獵詩	台灣詩學季刊第12期	84.09
乞丐、浪人	大海洋48期	84.10.01
小詩三題—窗、瓦、梯	萬象詩刊	85.01.30
朝井底開挖	萬象詩刊	85.02.28
致子書	葡萄園詩刊129期 中國詩歌選1997 葡萄園四十週年詩選集	85.02.15 86.07 91.05
一千條月光的釣絲	成都星星詩刊	85

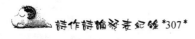

如果這首詩感人	龍人詩報5期	85.06
冬夜迷情	萬象詩刊152期	85.03.27
聖誕鈴聲一聖誕卡、馴鹿、聖誕老人	台灣詩學季刊第14期	85.03
男人與狗、女人與狗	心臟詩刊20期	85.04.15
一枝沈默的筆	萬象詩刊154期	85.04.24
如果這首詩感人	龍人詩報第5期	85.06
鏡	八十四年詩選	85.05
雨傘節	笠詩刊193期	85.07.01
種子	大海洋詩刊51期	85.07.01
太平間筆記（與艾崙合著）	萬象詩刊	85.06.26
夜謔五題一失眠、事件、餓、答案、消夜	海鷗詩刊復刊8號	84.02
家之傳說一窗、瓦、梯、棟、床	台灣詩學季刊第15期	85.06
白髮吟	葡萄園詩刊131期	85.08.05
育兒四題一奶嘴、奶瓶、紙尿布、揩巾	大海洋詩刊52期	85.11
故事	詩歌藝術第2號	85.12
藍蝴蝶、筷子	成都星星詩刊號	86
愛情	可愛小詩選(爾雅出版社)	86
你知道	葡萄園詩刊133期 中國詩歌選1998	86.02.15 87
育嬰五題一搖籃、童鞋、圍兜、濕紙巾、蚊帳	台灣詩學季刊第18期	86.03
小詩彈片一時間、愛與欲、真假與美醜、青春	笠詩刊199期	86.06
坐在南方澳的海邊	大海洋詩刊54期	86.07.01
水	秋水詩刊94期	86.07
愛情合同	葡萄園詩刊135期	86.秋季號
夢	秋水詩刊95期 浩浩秋水	86.10 89.01
小小羅漢	世界詩葉175期	86.11.08

枴杖	葡萄園小詩選	86
修正液	秋水詩刊 96 期 浩浩秋水	87.01 89.01
輸送帶	葡萄園詩刊 137 期	87.02.15
稚情	世界詩葉 193 期	87.03.21
猝死之歌、自慰	台灣詩學季刊第 22 期	87.03
牧民	笠詩刊第 204 期	87.04
茉莉花	秋水詩刊 98 期	87.07
芋仔寒薺	台灣詩學季刊第 23 期	87.06
母親的畫像	葡萄園詩刊 139 期	87.08.15
試說新語—鑫、森、淼、焱、垚（五行篇）	台灣詩學季刊第 24 期	87.09
同與不同	世界詩葉 222 期	87.10.10
隱形的詩人	大海洋詩刊 57 期	87.10
井	世界詩葉 228 期	87.11.21
維納斯	世界詩葉 223 期 乾坤詩刊	87.12.26 88 年春
到底是誰的天空	笠詩刊第 208 期	87.12
壹、貳、參、肆（茶）	大海洋詩刊 58 期	88.01
浪漫三題—樹蛙、瓶中花、時間之殤	葡萄園詩刊 141 期	88.02.15
騎在孺子背上的牛	乾坤詩刊 10 期	88.04
一首詩的風格	葡萄園詩刊 141 期	88.02.15
美夢、蚊鳴及其他	笠詩刊第 210 期	88.04
壺詩戀情—結、無神論者箴言、千萬別掉進自己的漩渦	葡萄園詩刊 142 期	88.05.15
呼叫、狗不理包子	乾坤詩刊 11 期	88.07
威而鋼	大海洋詩刊 59 期	88.07
想問你詩人—致沙穗	秋水詩刊 102 期	88.07
試說新語—動物篇	笠詩刊 212 期	88.08
父親	葡萄園詩刊 143 期	88.08.15

閉嘴	藍星詩學第3期	88 中秋號
給親愛的、DREAM	海鷗詩刊復刊18、19號	88.11
紅塵貴珠、他們不懂、走開吧	葡萄園詩刊144期	88.11.15
地球二十世紀末病歷報告	大海洋詩刊60期	88.11
在裡面	笠詩刊214期、百年震撼	88.12
奮起湖、十八羅漢洞、 射日塔	葡萄園詩刊145期	89.02.15
中年之愛	大海洋詩刊61期	89.03
有一種愛	海鷗詩刊復刊20號	89.03
九八達邦勇士離鄉告白	藍星詩學第5期	89.03.31
餘光盅	笠詩刊216期	89.04.15
蟬噪八題	江蘇流星詩刊	89.04
餘光盅 茶	葡萄園詩刊146期	89.05.15
給羅門的禱文 給渡也的介紹信	藍星詩學第6期	89. 端午號
牢騷	葡萄園詩刊147期	89.08
發牙	藍星詩學第7期	89. 中秋號
試說新語—人體篇、雜篇	笠詩刊219期	89.10.15
拒絕	大海洋詩刊62期	89.11
溪殤	葡萄園詩刊148期	89.11.15
詩會（之一、之二）	笠詩刊220期	89.12.15
關於一個寫詩人的成長經過	藍星詩學第8期	89. 耶誕號
偽飾	海鷗詩刊復刊22期	89.12
孤島	葡萄園詩刊149期	90.02.15
借詠四題（紅花、老根、殘枝、枯葉）	藍星詩學第9期	90. 新春號
心靈三部曲（葡萄、美酒、夜光杯）	葡萄園詩刊150期 葡萄園詩刊40週年創作獎 入選2002 中國詩歌選	90.05.15
岸、花之思	葡萄園詩刊151期	90.08.15
醬油與法國香水	笠詩刊224期	90.08.15
兩岸	大海洋詩刊64期	90.12.15

哈伯深場現象、一千年後	葡萄園詩刊 152 期	90. 11. 15
白色的	笠詩刊 225 期	90. 10. 15
失業	葡萄園詩刊 153 期	91. 02. 15
舊照感懷(之一、之二)	葡萄園詩刊 154 期	91. 05. 15
小詩兩題(彩衣、童語)	葡萄園詩刊 155 期	91. 08. 15
致章安君	葡萄園詩刊 156 期	91. 11. 15
蜘蛛人、角落	葡萄園詩刊 157 期	92. 02. 15
阮氏靚妹	葡萄園詩刊 158 期	92. 05. 15

路痕寫作年表

【1979】

- 因閱讀鄰居國二女孩之手抄筆記本詩集而發生興趣，開始嚐試寫詩。
- 第一首詩〈荷〉在報紙式校刊《嘉農新聲》發表。
- 以「煙潭」、「李子」、「霧非霧」、「露痕」等筆名在校刊《嘉農青年》投稿

  六首新詩、一篇散文結果全部被錄用，信心大增。領稿費時承辦小姐驚訝地說：「怎麼都你寫的？」

【1980】

- 以新詩記錄感情生活，累積不少稚情之作，集成手抄本《露痕詩集》七集。
- 開始以「路痕」筆名發表作品，第一次在校外投稿，

  詩作〈失眠〉、〈變天〉在《藍星詩刊》25 號上發表。

【1982】

- 放棄同時段選修之「電腦概論」及「日文」，參加「新文藝概論」（渡也任講師）課程。手抄本「露痕詩集二」經渡也看過後評語：「不怎麼樣！」。遂下定決心一定要創作出令人尊重的詩。學期末詩創作之成績 86 分，替同學捉刀得 92 分。讀《手套與愛》、《歷山手記》（渡也著）及《八十年代詩選》（濂美出版社）。
- 大量讀詩、詩評。習作但未發表，集成《露痕詩抄》三冊，

為前期之習作總結。

【1983】

- 以《露痕詩抄》獲總編輯首肯進入《興農雜誌》任編輯，學習版面設計、採訪、企劃等編輯事務。後總編外調承擔大任，當年所編之雜誌獲內政部雜誌金鼎獎。
- 主筆〈經驗傳遞〉專欄。
- 無意中發現陳義芝詩作剪報〈年輕心事〉，頗為欣賞。
- 讀張默詩集《愛詩》，為其動容。

【1986】

- 發現拍攝之「梅山龍眼林茶區」照片被農會總幹事盜名冒用為某農業雜誌之封面，並成為梅山高山茶之茶罐包裝。

【1990】

- 赴菲攻讀企管碩士。因投稿認識菲華詩人和權、一樂、謝馨、文志等人，應邀加入「現代詩研究會」及「菲華文藝協會」，開始大量以「路痕」筆名在國內外詩刊發表詩作。

【1991】

- 《千島詩刊》兩度以大篇幅在聯合日報上刊登路痕詩作專輯及介紹。

【1992】

- 學成歸國，獲ＭＢＡ學位。

【1995】

- 列名收入《台港澳暨海外新詩大辭典》（金陵出版社），被歸類為菲華詩人。

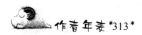

- 獲新詩學會頒發「全國優秀青年詩人獎」。
- 詩作〈鏡〉入選《84 年詩選》（現代詩社）。

【1996】

- 詩作〈失眠〉入選《小詩瑰寶》（絲路出版社）。
- 詩作〈愛情〉入選《可愛小詩選》（爾雅出版社）。
- 詩作〈拐杖〉入選《葡萄園小詩選》（詩藝文出版社）。
- 情詩集《戀鍊風塵》、詩集《路痕》由詩藝文出版社出版。

【1997】

- 詩作〈致子書〉入選《1997 中國詩歌選》（詩藝文出版社）。
- 詩集《單音六節》通過評選，列入嘉義市作家作品集，由文化中心出版。
- 詩作〈母親的畫像〉獲第一屆桃城文學獎新詩組佳作。
- 完成第一篇短篇小說〈海城悲歌〉，將新詩融入小說中。

【1998】

- 詩作〈你知道〉入選《1998 中國詩歌選》（詩藝文出版社）。
- 完成第二篇短篇小說〈重逢〉。
- 詩作〈稚情〉入選《短詩瑰全》（絲路出版社）。
- 完成第三篇短篇小說〈在那綠色的陰影中〉。
- 完成第四篇小說〈魔鏡〉，亦爲第一本科幻小說。
- 開始短篇詩評之創作發表。

【1999】

- 作品收入《一九九一～一九九五世界華文新詩總鑑》（金陵出版社）。

- 完成第五篇小說《畢卡索之吻》，爲第二本科幻小說。
- 第四本詩集《餘光盅》整理成輯。

【2000】

- 科幻小說《魔境》、《畢卡索之吻》，以陸恆爲筆名，由成陽出版社《陸恆作品系列》出版。
- 完成第三本科幻小說《靈彈》，由成陽出版社出版。
- 詩作〈搖籃〉入選《微型詩500首點評》(重慶出版社)。
- 完成第四本科幻小說《蝶戀》，由成陽出版社出版。
- 詩作〈夢〉、〈修正液〉入選《浩浩秋水》(秋水詩刊社)。
- 詩作〈餘光盅〉、〈閉嘴〉、〈井〉編入中國詩歌藝術學會會員選集《五月詩穗》(詩藝文出版社)。
- 詩作〈在裡面〉入選《百年震撼》(詩藝文出版社)。
- 完成第五本科幻小說《丼》，由成陽出版社出版。
- 加入新詩學會及參加臺灣現代詩人協會創會會員。
- 完成第六本科幻小說《時空之殤》，由成陽出版社出版。
- 完成第七本科幻小說《種子》，由成陽出版社出版。

【2001】

- 完成第八本科幻小說《置換》。
- 完成第九本科幻小說《天梯》。
- 完成第十本科幻小說《光之石》。

【2002】

- 〈致子書〉獲選入葡萄園四十周年詩選《不惑之歌》。
- 〈心靈三部曲〉獲葡萄園四十周年詩創作獎。

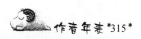

- 詩作〈葡萄〉入選《2001 中國詩歌選》。
- 完成第十一本科幻小說《斷片》。
- 作品應邀參加台北國際詩歌節活動展覽。

【2003】

- 接受地方作家採訪，資料列入台灣文學館作家資產保存。
- 散文及詩作品獲選入草山詩文花藝節徵稿，展示於草山行館。
- 獲選入「嘉義庶民文學與作家文學」數位化計劃，代表嘉義作家小說及新詩創作，作品於網站完整呈現。
- 出版第四本詩集《餘光盅》。